Polemizar, aclarar, edificar

El pensamiento de Søren Kierkegaard

Aunque la primera belleza tenga mucha gracia, no es totalmente verdadera;
ella es más bien una envoltura, una vestidura de la que
poco a poco saldrá la verdadera belleza,
en el curso de los años, bajo la mirada agradecida del esposo.

El juez Guillermo, en *Estadios en el camino de la vida*

EDITORIAL CLIE
C/ Ferrocarril, 8
08232 VILADECAVALLS
(Barcelona) ESPAÑA
E-mail: libros@clie.es
http://www.clie.es

© 2013 Editorial CLIE

Svensson, Manfred
El pensamiento de Søren Kierkegaard. POLEMIZAR, ACLARAR, EDIFICAR
ISBN: 978-84-8267-836-8
Depósito Legal: B.21 864-2012
Clasifíquese: 0065 - PENSAMIENTO CRISTIANO
CTC: 01-01-0065-22
Referencia: 224843

Impreso en Estados Unidos / Printed in United States

Agradecimientos

Este libro se publica con ocasión del bicentenario del nacimiento de Kierkegaard. Durante los primeros cien de esos doscientos años, muy pocos supieron de su persona y obra; en los siguientes cien, en cambio, ha sido reconocido como uno de los grandes de la historia del pensamiento. Mi relación personal con su obra ha seguido más bien el orden inverso: durante los primeros años de mi formación tenía una gran fascinación por sus escritos, fascinación que luego fue seguida de un largo abandono. Si, no obstante, este libro sale a la luz, se debe a tres causas. En primer lugar debo mencionar a los amigos que no permitieron que dicho abandono fuera total. Particularmente debo mencionar aquí a Patricio Martínez, Rodrigo Figueroa y Benjamín Olivares. Aunque rara vez hemos tenido oportunidad de conversar de modo largo sobre Kierkegaard, las conversaciones ocasionales han logrado mantener vivo mi interés por el gran autor danés. En segundo lugar, debo mencionar a mis alumnos en el Instituto de Filosofía de la Universidad de los Andes. Fue a solicitud suya que empecé a enseñar sobre un autor al que veía sólo como un pasatiempo. En particular debo mencionar a Bernardita Navarro, quien tuvo la primera iniciativa al respecto, y a Magdalena Undurraga, que tuvo la gentileza de corregir una de las últimas versiones de este libro. Por último, debo agradecer a Alfonso Ropero, de Clie, quien precisamente *ad portas* del bicentenario me propuso la redacción de este libro. No sé si es sabio escribir un libro contra el tiempo para coincidir con una fecha de aniversario. Kierkegaard tal vez diría «si lo haces te arrepentirás, si no lo haces también te arrepentirás». Pero haber contado para eso con las donaciones de libros que Jon Stewart, presidente de la Sociedad Kierkegaardiana Internacional, hizo a la biblioteca de nuestra universidad, al menos me deja sin excusas y con la responsabilidad completa por lo que sea deficiente en el resultado.

ÍNDICE

Introducción

1. Kierkegaard y el siglo XX

«Pensaba que ya había dejado atrás el cristianismo, pero ahora veo que lo tengo por delante. El que lo puso ahí fue Kierkegaard»[1]. Así escribía el poeta tirolés Carl Dallago en 1914, un siglo tras el nacimiento de Kierkegaard y un siglo antes de nosotros. Era el momento de un vigoroso renacimiento kierkegaardiano, y no sólo hombres apasionados como Dallago escribían en esos términos, sino que también hombres sobrios y sistemáticos. Entre ellos el filósofo judío Edmund Husserl da testimonio elocuente de lo que estaba ocurriendo en ese momento, al escribir sobre el positivo impacto que estaba teniendo Kierkegaard «como parte del gran anhelo religioso que ha prendido entre los mejores de todos los círculos»[2]. Dicho «gran anhelo religioso» no surgía en medio de una situación trivial, sino que era la respuesta a una creciente percepción de crisis. Dallago, por ejemplo, escribió su pequeña obra *El cristiano de Kierkegaard* en 1914, pero a causa de la Primera Guerra Mundial, que en ese momento se iniciaba, no pudo publicarla hasta 1922. En esa fecha Europa había recuperado la paz, pero había perdido la fe en el progreso: Kierkegaard fue recibido precisamente en el momento en el que se venían abajo las promesas del largo siglo XIX.

La revista para la que escribía Dallago era *Der Brenner*, una revista cultural austríaca que cultivaba una notable crítica de la cultu-

---

[1] Dallago, Carl. *Der Christ Kierkegaards* Brenner-Verlag, Innsbruck, 1922. pág. 5.
[2] Husserl, Edmund *Briefwechsel* Kluwer Academic Publishers, La Haya, 1994. III, III, pág. 15.

ra burguesa, desde un marco que abarcaba no sólo parte del pensamiento cristiano, sino a una más amplia tradición occidental, desde Virgilio hasta el expresionismo. A través de las páginas de esta revista conocieron a Kierkegaard no sólo Jaspers y Heidegger, sino también hombres como Husserl y Wittgenstein, al mismo tiempo que diversos círculos teológicos comenzaban a popularizar su obra entre los cristianos. El entusiasmo de todo ese mundo por nuestro autor queda bien expresado en las palabras de Jaspers, quien afirmaba que «tal vez todo aquel que no se abre a Kierkegaard [...] permanece hoy pobre e inconsciente»[3]. En efecto, casi toda la cultura intelectual europea se vio remecida por el creciente descubrimiento de su obra. La historia posterior ha tendido a olvidar la amplitud de dicho impacto, enfatizando, por el contrario, el impacto de nuestro autor sobre los autores que se acostumbra clasificar como existencialistas. Kierkegaard, un autor centrado en la angustia, el individuo, la excepción, la elección y la subjetividad, sería el «padre» de esta corriente. Conviene cuanto antes deshacernos de tal idea, abrirnos a lo variado que fue el panorama de su herencia, y a lo variadas que son también las obras del mismo Kierkegaard.

Pero precisamente por este generalizado entusiasmo, se trataba de una recepción caótica y sumamente parcial. El mismo Dallago da cuenta no sólo del hecho de que no conocía toda la obra de Kierkegaard, sino que en más de una ocasión cita obras fundamentales de segunda mano, siguiendo algún comentario que había leído en otra parte. Eso comenzaría a cambiar con cierta prontitud, por el surgimiento de los estudios kierkegaardianos como un área significativa de investigación y la consiguiente traducción de su obra a las principales lenguas. Así, la parcialidad se empezó a reducir. Sin embargo, la recepción popular de un autor no sigue necesariamente dichos movimientos, y menos aún cuando debe mediar la traducción de sus obras, un proceso de considerable lentitud. Esa diferencia entre la recepción científica de un autor y su recepción popular no tiene por qué ser negativa: hay en la recepción popular una libertad, una

---

[3] Jaspers, Karl. «Kierkegaard hoy» en Sartre, Heidegger, Jaspers y otros. *Kierkegaard Vivo* Alianza, Madrid, 1968. pág. 72.

creatividad que puede, a veces, hacerla más importante que la científica. Pero junto a muchos aspectos positivos, la recepción popular, sobre todo si es fragmentaria, puede también ser un obstáculo a la comprensión. Considérese, por ejemplo, qué ocurre con una persona que en el mundo hispanoparlante se entera de la importancia de los diarios de Kierkegaard para comprender la biografía espiritual del mismo. Saldrá a la búsqueda de dichos diarios, y encontrará que bajo el nombre de Kierkegaard sólo se encuentra en nuestras librerías un pequeño libro con el misterioso título de *Diario de un seductor*. Si con una remota esperanza de que éste sea el famoso diario, decidiera adquirirlo, ¿qué libro es el que como resultado tendría en sus manos?

Una breve explicación de la naturaleza de dicho libro puede ser útil para volvernos conscientes de cuáles son las dificultades al leer a Kierkegaard, dificultades agudizadas por el proceso de transmisión de su obra. El *Diario de un seductor* es un breve libro de unas 150 páginas. Pero en realidad nunca fue publicado por Kierkegaard como una obra independiente. Es, por el contrario, parte de un libro mayor: *O lo uno o lo otro*. Pero tampoco dicha obra lleva el nombre de Kierkegaard como autor. La obra está firmada por un pseudónimo, Víctor Eremita. Y ni siquiera éste asume el papel de autor, sino de editor. Editor de los papeles de «A» y los papeles de «B». Los papeles de «A» representan una visión «estética» de la vida, mientras que los de «B» representan una visión «ética» de la misma. Y en medio de los muchos papeles de «A», se encuentra este *Diario de un seductor*; pero incluso el prólogo de dicho diario menciona estos papeles como algo encontrado, no producido por «A». De modo que el vínculo entre Kierkegaard y el diario se encuentra removido varios pasos. En caso de que un lector contemporáneo de Kierkegaard se enterara de que éste era el autor del pseudónimo, la situación podría parecerle algo enredada. ¿Pero cómo describir adecuadamente la confusión que esto puede causar en quien se encuentra simplemente con el *Diario de un seductor* publicado de forma independiente y bajo el nombre de Kierkegaard? La situación no parece muy distinta de si alguien tomara una cuestión de una *Summa* medieval, donde el maestro presenta argumentos a favor de la tesis opuesta a la suya antes de ofrecer su propia solución, y se optara por hacer una publicación independiente de tales argumentos adversarios. Tal publicación nos presentaría a Tomás de Aquino, por ejemplo, defendiendo cosas como que «no es necesario buscar las cosas de arriba», que «otras ciencias son más dignas que la teología» o que «parece que Dios no existe»[4]. La historia de la recepción de Kierkegaard nos ofrece literalmente ese fenómeno.

Pero además de estos accidentes en la transmisión de su legado literario, hay que tener presente que la obra de Kierkegaard se transmite en medio de grandes conflictos entre visiones rivales de la realidad. Uno de los testimonios más elocuentes de cómo se gestó esa temprana recepción lo encontramos en una carta de Georg Brandes a Nietzsche. Brandes se encontraba consolidado como el principal crítico literario y cultural del norte de Europa cuando decidió escribir su introducción a Kierkegaard. Pero en carta a Nietzsche, si bien evidentemente manifiesta cierto interés por nuestro autor, le confiesa el siguiente propósito: «Este libro mío no presenta de modo suficiente la genialidad de Kierkegaard, pues se trata de una suerte de panfleto [*Streitschrift*] que escribí para poner un límite a su influencia»[5]. Es una norma básica de la crítica que mediante ella uno puede en realidad estar dando publicidad innecesaria al adversario, y de eso un crítico de la talla de Brandes tiene que haber estado muy consciente. Si, no obstante, publicó un tratado como éste cuando Kierkegaard aún era desconocido, es porque tiene que haber previsto que su obra se difundiría de modo inevitable. Porque aunque deseara ver frenada la influencia de su obra, sin duda reconocía alguna grandeza en ella. Después de todo, Brandes escribe a Nietzsche sugiriéndole que se ocupe de la psicología de Kierkegaard y, siendo Nietzsche quien es, no se trata de una recomendación a alguien menor. Lamentablemente, dicho encuentro entre gigantes no tuvo lugar, pues se acercaba el ocaso de Nietzsche. En lugar de eso, tenemos la multitud de recepciones del siglo XX.

---

[4] Son las posiciones adversarias en *S. Th.* I. q. 1, a. 1 y 5; q. 2 a. 3.

[5] Krüger, Paul (ed.). *Correspondance de Georg Brandes* Rosenkilde y Bagger, Copenhague, 1952-66. Vol. IV, pág. 448.

Al comenzar dicho siglo XX, en efecto, Kierkegaard se transformó en una fuerza incontenible[6]. Theodor Haecker, uno de sus tempranos difusores en la lengua alemana, describió la traducción de las obras de Kierkegaard del danés al alemán como la apertura de una represa. Como hemos señalado, este «renacimiento kierkegaardiano» no fue un movimiento homogéneo, sino que su obra actuó de modo muy diverso sobre distintas figuras y corrientes. Un sinnúmero de autores de todo tipo se nutrió de sus libros. No sólo debe pensarse en los autores que alguna vez se agruparon bajo el título de «existencialismo», sino también en la recepción que tuvo Kierkegaard en la teología dialéctica y en diversos pensadores católicos (como el mencionado Theodor Haecker), así como en el vasto espectro de la literatura desde Rainer Maria Rilke a Unamuno. Pero con todo lo que estas voces han significado para la difusión de su obra, ¿no será hora de esforzarnos también en el mundo hispanoparlante por una mayor familiaridad con Kierkegaard mismo, quien vivió en el siglo XIX y no en el XX, para quien el gran mayor giro de la historia no son las dos guerras mundiales sino 1848?

2. Kierkegaard como pensador religioso: polémico, clarificador y edificante

Lo anterior nos obliga, por supuesto, a definirnos no sólo en términos negativos —que no seguiremos ni a éstos ni a los otros fenómenos kierkegaardianos del siglo XX, sino también a explicar positivamente qué tipo de libro el lector tiene entre sus manos. Puesto en los más sencillos términos, he intentado que este libro otorgue una buena visión general de la obra de Kierkegaard. Eso no significa una visión exhaustiva, pues hay libros de él que aquí no serán discutidos. Pero espero que quien lea este libro pueda acabarlo habiendo recibido una impresión adecuada de los distintos rostros de Kierkegaard y que, a pesar de ser una introducción, se haya encontrado

---

[6] Para la recepción hasta entonces véase Malik, Habib C. *Receiving Søren Kierkegaard. The Early Impact and Transmission of his Thought* The Catholic University of America Press, Washington, 1997.

aquí una cantidad suficientemente abundante de textos del mismo Kierkegaard como para tener una impresión de su estilo. En suma, he intentado hacer el tipo de trabajo que hacemos los profesores. Pero Kierkegaard detestaba a los profesores. «Dejaré tras de mí un capital intelectual de no poco valor —escribía—, pero sé quién lo heredará: esa figura que encuentro tan repulsiva, y que ha heredado todo lo mejor del pasado, el docente, el catedrático»[7]. Los profesores no tenemos por qué pagarle con la misma moneda, pero sí tenemos que preguntarnos en qué medida tiene sentido intentar apropiarse de un pensamiento como el de Kierkegaard desde una perspectiva «profesoral», desde el mundo tradicional de la enseñanza. Sus frases críticas sobre los profesores dejan caer sobre el mundo académico un manto de «inautenticidad», de modo que pareciéramos sólo construir castillos en los cuales es imposible vivir. Antes de afirmar que la vida académica no tiene por qué necesariamente transformarse en eso, conviene hacer caso a la advertencia. Es una advertencia correcta respecto de algo que efectivamente ocurre con cierta frecuencia a quien sólo sabe vivir entre libros. Tomar la advertencia en serio también nos pondrá en una relación adecuada con la cuantiosa literatura secundaria sobre Kierkegaard. Nadie que se embarque seriamente en el estudio de un autor difícil querrá prescindir del trabajo de sus colegas y antecesores. Hay, además, algo más inauténtico que el beber sólo de ideas ajenas: el ignorar que se está haciendo uso de ellas, o el presentarlas como propias. Intento, pues, tener presente la literatura secundaria, pero espero que las advertencias de Kierkegaard sobre el trabajo de los profesores haya contribuido a que la referencia a la literatura secundaria sea todo lo limitada que sea posible. Es Kierkegaard quien nos interesa aquí.

Pero si Kierkegaard no pertenece al mundo académico, ¿qué clase de autor es? Tal vez convenga partir notando que no es tan extraño el caso de un filósofo difícilmente integrable al mundo académico: en eso Kierkegaard no está en una situación muy distinta de Sócrates, Descartes o Schopenhauer. También en ellos encontra-

---

[7] NB 26:76 / SKS 25, 79. Para explicitación de las abreviaciones y ediciones usadas véase los apéndices al final de este libro.

mos una vida distinta de la académica, una vida filosófica realizada en las plazas, en las sociedades científicas o en la soledad (Schopenhauer incluso escribió un despectivo discurso «sobre la filosofía universitaria»). Pero hay algo que sigue haciendo a esos autores más fácilmente comprensibles que Kierkegaard, a saber, que se declaran filósofos. No importa qué piensen sobre la filosofía que los ha precedido, o sobre el saber institucionalizado, hay algo en la descripción que dan de sí mismos que nos ayuda a comprender el lugar que ocupan en el mundo, el lugar que ocupan en la historia del pensamiento. Pero parece claro que Kierkegaard no quiere ser visto como un filósofo. Eso no implica que desprecie la filosofía. Incluso puede dedicarle cierto tiempo, y puede mostrar que tiene los dones para haber sido un filósofo. Sin embargo, de los filósofos siempre escribe en tercera persona, siempre es un «ellos», nunca un «nosotros». ¿Tiene eso alguna importancia? Sin duda. Si no se atiende a ese detalle, es mayor la posibilidad de ver a Kierkegaard como un filósofo que con sus críticas está intentando realizar una reforma interna de la filosofía (por ejemplo, proponiendo una filosofía «existencialista» en vez de una «esencialista»). Si no es un filósofo, si no habla desde y para la filosofía, tal vez no tiene sentido poner en su boca una propuesta como ésa.

Pero tampoco es un teólogo. Ciertamente es un autor que trabaja con gran frecuencia desde categorías teológicas y cuyo trabajo es nutrido por discusiones teológicas. Pero si se encuentra lejos de la filosofía en su sentido tradicional, tal vez lo esté tanto más de la teología. Eso depende, por supuesto, de cómo se describa la teología. Sobre «la antigua terminología de la dogmática cristiana» escribe que es «como un castillo encantado en el que los más bellos príncipes y princesas duermen un profundo sueño, sólo esperando a ser despertados, traídos a la vida, para entonces mostrar su plena gloria»[8]. Es claro que no son palabras de alguien que desprecia la teología. Pero su impresión era que en el mundo contemporáneo estudiar teología o ser teólogo es algo muy distinto, algo consistente en «tener un doctorado *summa cum laude* en teología y ser más

---

[8] DD:20 / SKS 17, 226.

brillante que todo los otros que tienen un *summa cum laude*»[9]. Esa descripción negativa, que ve la teología como un soberbio cultivo de conocimientos (o diplomas) triviales, suele predominar en sus escritos por sobre la valoración positiva de la «antigua dogmática cristiana»; al menos predomina lo suficiente como para que ni él se haya entendido como teólogo ni nosotros lo debamos calificar de tal. En algunas ocasiones se describe a sí mismo como alguien que es «esencialmente un poeta», un «poeta de lo religioso» o un «poeta de lo cristiano». Pero también aquí hay otra cara de la moneda: vivir poéticamente lo describe en otras ocasiones como tener una relación puramente imaginativa con los ideales. En ese sentido el esfuerzo constante de Kierkegaard es por dejar de ser un poeta. Si no es poeta, filósofo ni teólogo, ¿bajo qué categoría estudiar su obra?

Desde luego no es necesario tener una etiqueta para identificarlo. Sin embargo, una descripción general sí puede ser orientadora, siempre que sea suficientemente general como para no encasillarlo ni crear expectativas equivocadas respecto de su obra. Tal descripción general podría ser tan sencilla como la afirmación de que Kierkegaard es «un escritor y pensador cristiano». La afirmación de que es un escritor no requiere de defensa, pero veremos que sí es importante pensar atentamente sobre el tipo de escritor que es. La categoría de «pensador cristiano» o «pensador religioso», en tanto, una categoría que igualmente podríamos aplicar a autores como san Agustín o Pascal, parece adecuada porque permite romper con límites muy estrechos entre disciplinas, pero es adecuada también porque reconoce que en estos autores, que no son estrictos filósofos o teólogos, hay un trabajo argumentativo significativo, no sólo ideas inarticuladas. Ese trabajo argumentativo es el que explica su influencia sobre disciplinas como la filosofía o la teología.

Pero hay distintos tipos de pensador religioso, y un mismo pensador religioso puede ser estudiado con distintos énfasis. El énfasis que aquí pongo es el anunciado en el título de este libro: polemizar, aclarar, edificar. Éste no es un modo usual de introducir a Kierkegaard, ni tampoco son tres prácticas que suelan ir de la mano

---

[9] NB 3:31 / SKS 20, 259.

en otros autores —muchas veces se asume que los polemistas no son edificantes. Pero se trata de tres prácticas que me parecen centrales para toda la producción de Kierkegaard. «Todo autor religioso es por eso mismo polémico», escribía en 1848, y eso se aplica también a su propia persona y obra[10]. Es más, la polémica no es sólo una propiedad de la literatura religiosa, sino que este carácter polémico es algo que Kierkegaard afirma respecto de la naturaleza misma del cristianismo: «el concepto <cristiano> es un concepto polémico, sólo se puede ser cristiano en oposición o a modo de oposición»[11]. Estas palabras pueden sonar provocadoras, pero en boca de Kierkegaard no son un vulgar llamado a la agitación. Nos invitan, por el contrario, a la segunda palabra del título: se trata de una polémica que tiene por elemento primordial la clarificación. Tanto las lecturas existencialistas como las postmodernas parecen de distintos modos oscurecer este aspecto de su obra, mostrándolo como un autor que nos sume en la confusión interior o como un autor que se expresa de un modo que no permite una interpretación clara de su obra. Pero el «o lo uno o lo otro» con que titula su primer libro tiene un objetivo que atraviesa toda su obra: Kierkegaard quiere ponernos ante alternativas radicales, pero para eso debe hacer aclaraciones conceptuales.

Kierkegaard debe pues ser leído como un autor de denuncia, pero al mismo tiempo como alguien que busca traer luz, clarificar. Los dos pasos están unidos, porque aquello que denuncia puede ser precisamente resumido como una confusión. Pero tal confusión tiene por supuesto un nombre más específico: la cristiandad, que es no sólo una confusión entre la iglesia y el Estado, sino una confusión entre conceptos cristianos y conceptos de la burguesía europea del siglo XIX. Incluso la clásica idea de tres estadios de existencia —una de las ideas más propias de Kierkegaard— tiene eso por principal objeto: no que debamos vivir en espacios distintos, sino que podamos distinguir categorías estéticas, de categorías éticas o religiosas. Si estamos ante este tipo de polémica, una polémica que busca ante todo aclarar, deja de ser extraño que sea compatible con la edifi-

---

[10] SKS 16, 47.
[11] SKS 13, 187.

cación. Y la edificación se encuentra presente no sólo en aquellos tratados que Kierkegaard presenta como *Discursos edificantes*, sino que atraviesa tal como la polémica y la aclaración conceptual toda su obra. Él mismo se esfuerza una y otra vez por hacernos notar la compatibilidad entre estas tres prácticas. *Las obras del amor*, un título ostensiblemente edificante, se subtitula como «reflexiones cristianas», porque también respecto de la naturaleza del amor nos considera confundidos; *La enfermedad mortal*, un «tratado psicológico», se inicia con un prólogo que busca defender la posibilidad de que un libro sea a la vez una exposición académica rigurosa y un tratado edificante. El énfasis en la polémica, la aclaración y la edificación me parece pues un prisma ideal para resaltar rasgos distintivos de la obra de Kierkegaard, aunque desde luego no todos los énfasis de la misma quedan así incorporados.

Sólo basta pues decir unas breves palabras respecto de cómo está estructurado este libro. Lo que intentaré es presentar a Kierkegaard en los siguientes pasos. Lo primero tras esta introducción (I.) es un breve panorama biográfico (II.). No una biografía, tampoco una resumida, sino algunos núcleos biográficos que nos pueden ayudar a aproximarnos a su obra. Luego me dirigiré a su visión respecto de su propia obra como escritor (III.), un requisito indispensable antes de abordar sus textos, pues Kierkegaard acostumbraba firmar obras con pseudónimo, solicitando que no se le atribuyera a él lo que decían tales obras: estamos ante un autor compulsivo en su consideración sobre su propia obra, que nos ha dejado una cantidad muy considerable de instrucciones respecto de cómo debe ser leído, pero instrucciones que no siempre es fácil considerar como compatibles entre sí. Detenerse en eso me parece pues indispensable. Con todo, este libro está estructurado de modo tal que si alguien no comparte esa opinión, puede saltar directamente a la siguiente sección, donde empieza la exposición de los grandes textos de Kierkegaard. Dicha exposición la he divivido en dos partes: primero revisaremos un grupo selecto de los textos firmados con pseudónimo (IV.), y luego los que Kierkegaard firma con su propio nombre (VI.). Finalmente, intentaré decir algunas cosas respecto de cuál es el lugar de Kierkegaard en la tradición intelectual cristiana (VI.).

Estadios en el camino de su vida

1. Kierkegaard en la época de oro de la cultura danesa

La vida de Kierkegaard se presta para escribir biografías excelentes, y las ha habido de la más diversa índole. Quien busque eso tiene una amplio número de obras a las cuales ser dirigido[12]. Aquí, en cambio, diré sólo lo que me parece necesario para introducirnos adecuadamente en sus escritos. En primer lugar, haré algunas observaciones sobre la cultura danesa del período y el tipo de figuras con las que Kierkegaard interactúa. Tras eso intentaré presentar no una biografía completa, no un recuento lineal de acontecimientos, sino una serie de relaciones y preocupaciones de Kierkegaard que temporalmente se sobreponen, aunque aquí las presente de modo sucesivo. Son «ventanas» a través de las que intentaremos ingresar a su mundo, atendiendo a su vida afectiva, religiosa e intelectual.

Pero conviene partir familiarizándonos con el contexto de Kierkegaard. Y lo primero que entonces corresponde hacer es volvernos conscientes de que el período en que vive es la época de oro de la cultura danesa. Bruce H. Kirmmse nos ha vuelto conscientes de eso en una destacada presentación de la relación de Kierkgaard con dicha cultura[13], y otros grandes autores de dicho universo están

---

[12] Entre las biografías antiguas destacan las de Walter Lowrie y la de Johannes Hohlenberg. Entre las más recientes puede ante todo recomendarse la de Alastair Hannay y la de Joakim Garff. En caso de optar por esta última, conviene seguir la controversia iniciada sobre la misma por las críticas de Peter Tudvad y continuada por M. G. Piety.

[13] Kirmmse, Bruce. *Kierkegaard in Golden Age Denmark* Indiana University Press, Bloomington & Indianapolis, 1990.

siendo crecientemente puestos a nuestra disposición[14]. Ahora bien, no se trata de una «época de oro» en todo el sentido de la expresión, sino de una *cultura* de oro en una época en otros sentidos desastroza, «una época de timidez política y de dificultad económica para la burguesía danesa; sólo la poesía y el genio individual florecían»[15]. Hay una élite, pero que brilla por sus aptitudes académicas y poéticas más que por las comerciales. Así, no es de extrañar que el tono de toda la cultura haya sido bastante antiburgués. En eso Kierkegaard no es una excepción.

Sin embargo, en otros sentidos sí es excepcional. Salta a la vista que Kierkegaard no es una figura plenamente integrada en dicha cultura del siglo de oro. Según la clasificación de Kirmmse, dicha época puede considerarse como compuesta de dos generaciones. La primera, de inspiración romántica, siguiendo a autores como Schelling, tiene por principales figuras a Oehlenschläger en la literatura y a Mynster en la religión. La segunda generación, de origen hegeliano, cuenta con Heiberg en la literatura y Martensen en la teología. En forma paralela a estas dos generaciones se desarrollan dos corrientes alternativas. La primera es el liberalismo representado en un primer momento por Orla Lehmann y más tarde por H. N. Clausen. La segunda alternativa es el movimiento de Grundtvig, que propiciaba una suerte de cultura nacional popular al servicio de la religión, movimiento que contaba entre sus filas a Peter Kierkegaard, hermano mayor de Søren. Si se omite a las corrientes menores, lo común a todos estos movimientos es el rechazo del liberalismo y de la sociedad de masas, y una jerarquía social fuertemente determinada por el aprecio a la genialidad más que por factores económicos o políticos. ¿Cómo se relaciona Kierkegaard con este conjunto de corrientes? En muchos temas es por supuesto alguien que podría ser descrito como afín al resto de la alta cultura danesa. Pero precisamente aquello que les sirve a ellos de apoyo para su crítica social —el aprecio romántico por el genio— es algo que para Kierkegaard es bastante indiferente: está bien que haya genios, pero para él es algo

---

14 Particularmente a través de la serie *Texts From Golden Age Denmark*, publicada por Jon Stewart en C. A. Reitzel.
15 Kirmmse, *Kierkegaard in Golden Age Denmark*, pág. 25.

infinitamente menos significativo que aquello que todos tenemos en común, la posibilidad de una vida religiosa auténtica.

Pero para entender cómo concibe él ésta, conviene que dirijamos la mirada no sólo al conjunto de corrientes que se disputaban la alta cultura, sino a la condición espiritual de la época. Pues al pensar sólo en las corrientes que hemos mencionado, puede ser fácil concebir a la sociedad circundante como una dominada por la élite conservadora, y a Kierkegaard como una extravagancia o un revolucionario en tal ambiente. Hay sentidos en que eso puede ser una caracterización correcta, pero también hay sentidos en que la situación es la opuesta, en que la extravagancia de Kierkegaard es en realidad una sencilla defensa de las convicciones del «hombre común» frente a las nuevas filosofías que llegan a la sociedad danesa. ¿Qué filosofías? Es común que se reduzca la posición de Kierkegaard a la confrontación con Hegel. Pero no sólo conviene notar que su adversario suele ser un círculo más variado de hegelianos daneses, sino que además tiene en mente un panorama cultural e intelectual más amplio. Si Kierkegaard teoriza sobre un «estadio estético», por ejemplo, eso bien puede verse como respuesta a que la estética estuviera dejando de ser una mera subdisciplina de la filosofía y surgiera, por el contrario, toda una perspectiva estética de la existencia, una forma estética de existencia. Si dirigimos la mirada a la teología, se encontrará también la fuerte influencia de corrientes contemporáneas de avanzada. La *Vida de Jesús*, de David Friedrich Strauss, por ejemplo, influía en Dinamarca tanto como en el resto de Europa, y ahí uno podía encontrar ya buena parte de del ideario posterior de la teología liberal. Una vez más, se trata de un escenario intelectual y espiritual del que Kierkegaard se haya plenamente consciente: sus primeros diarios contienen varias observaciones donde toma distancia respecto de la ortodoxia imperante, pero también de la «mediocridad del racionalismo», y de un liberalismo selectivo que acude a la Biblia sólo para un conjunto restringido de tópicos[16]. De modo que el escenario en el que Kierkegaard se desenvuelve es uno en el que tanto la cultura general como la más específica vida intelectual son campos de batalla entre distin-

---

[16] AA:12 / SKS 17, 22.

tos tipos de esteticismo, naturalismo y la fe cristiana. Conviene tener presente esto, pues significa que a pesar de la aparente excentricidad de Kierkegaard, está involucrado en conflictos que no son nada de marginales: es posible dar con el lugar de su obra en las grandes controversias del mundo contemporáneo.

2. Michael Pedersen Kierkegaard y Regine Olsen

Con este trasfondo en mente podemos ahora acercarnos a Kierkegaard mismo. En primer lugar, dirigiremos la mirada a dos relaciones personales que fueron decisivas: la relación con su padre y la relación con Regine Olsen, la joven con la que estuvo comprometido. Tras eso dirigiremos la mirada a tres escenarios distintos, para conocer a nuestro autor como estudiante, para conocer su relación con el cristianismo y para interiorizarnos con su trabajo como escritor.

No parece haber obra sobre Kierkegaard que no contenga una mención de su relación con su padre. Es a éste, Michael Pedersen Kierkegaard (1756-1838), que dedica una cantidad considerable de sus escritos edificantes, y a lo largo de toda su obra encontramos referencias a la relación que tuvo con el mismo, en contraste con un pronunciado silencio en relación a su madre. Aunque de origen rural, Michael Pedersen tuvo una destacada carrera comercial en Copenhague. Eso le permitió ya en 1797 dejar sus negocios a cargo de terceros, para pasar a llevar una vida de intensa supervisión de su familia, ocupándose desde los menores detalles domésticos hasta el cuidado espiritual de los hijos. Es representativo de su carácter que al enterarse de la enfermedad terminal de una de sus hijas, y escuchando que el resto de los involucrados quería ocultarle a la misma la enfermedad, él exclame «mis hijos no han sido educados así», y proceda a contar a su hija sobre la proximidad de la muerte.

Sin una educación formal en el trasfondo, Michael Pedersen Kierkegaard fue un autodidacta excepcional, con gran capacidad para la discusión y una gran imaginación. Aunque él mismo sentía una mayor cercanía por la congregación de los hermanos moravos, crítica del racionalismo liberal imperante en la iglesia oficial, desde temprano vinculó a sus hijos a la iglesia luterana. Él mismo encontró un camino para vincularse más a la misma al aparecer en escena el futuro obispo Mynster, que combinaba su pertenencia a la iglesia luterana con un llamado a la piedad personal, a las horas individuales de lectura devocional que entroncaban bien con el pietismo. Al conocer a este pastor en 1812, Michael Pedersen Kierkegaard pudo ver en él el camino hacia un adecuado compromiso: con un pastor como éste, podía pasar a involucrarse con la iglesia oficial —como correspondía a alguien de su rango social— sin perder el espíritu que lo había guiado hasta aquí. De este modo, en la niñez de Søren ya era hábito oír los sermones de Mynster en las mañanas y en las tardes continuar con el culto de los hermanos moravos. Conviene no perder de vista este trasfondo pietista—separatista, pues puede ser uno de los factores por los que Kierkegaard no fue absorbido por la «cristiandad» oficial.

Pero Søren sólo sigue en esto a su padre por un periodo breve. Como parte de una rebeldía más generalizada, en julio de 1837 deja la casa para independizarse. Una «independencia» común, sin embargo, entre jóvenes de familias adineradas: el padre le sigue pagando no sólo la nueva vivienda, sino los cuantiosos gastos que implica su nueva vida. Unos meses más tarde, de hecho, tendría que regalarle el equivalente a unos doce mil dólares de hoy para pagar sus variados gastos en vestimenta, café y libros. Esta separación entre ambos, en que el vínculo que persiste es el del apoyo económico a los excesos del hijo, llega a su término poco antes de la muerte del padre, en 1838. Los términos en que Søren da cuenta de esta pérdida en su diario son los siguientes:

Mi padre murió el miércoles a las 02:00. Deseé tan profundamente que viviera unos años más, y considero su muerte como el último sacrificio que su amor ha hecho por mí. Pues no ha partido de mí, sino por mí, para que llegue a ser algo de mi vida. Lo más precioso de todo lo que me ha dejado en herencia es el recuerdo de él, su imagen transfigurada, pero transfigurada no por mi imaginación poética (pues no se requiere), sino por los muchos pequeños rasgos de los que recién ahora me estoy enterando, los cuales mantendré en secreto sin darlos al mundo. Pues en este momento siento que sólo hay una persona (E. Boesen) con la cual podría realmente hablar sobre mi padre. Fue un «amigo fiel»[17].

Tales palabras, con todo lo que pueden tener de enigmáticas, nos revelan algo de nuestro autor. Por una parte, por su referencia al secreto. La relación con su padre nos es presentada como una transformada *post mortem* por el acceso a un nuevo conocimiento sobre el mismo, pero respecto de la naturaleza precisa de tal secreto no se nos dice nada. En eso lo que se nos revela no es sólo un rasgo de la relación entre padre e hijo, sino un típico rasgo de carácter de Søren: hay más de una ocasión en que se refiere a su propia obra como una que tiene un enigma, que su sentido último sólo puede ser captado por quien posea la llave indicada, un conocimiento sobre un aspecto de su propia existencia que Kierkegaard decide sin embargo mantener en secreto.

Por otra parte, la referencia a la muerte del padre como algo ocurrido para que algo sea de la vida del hijo, nos remite de modo claro al hecho de que hasta ese momento, una década tras iniciar sus estudios, Kierkegaard externamente no había logrado nada: el padre dejó este mundo sin haber visto de qué era capaz su hijo. En las décadas por venir, las obras que Kierkegaard firma con su nombre serán casi sin excepción dedicadas a su difunto padre, a quien lo une no sólo una similar comprensión del cristianismo, sino un similar temple anímico, una profunda melancolía, melancolía que explica el fracaso de la otra relación personal que aquí consideraremos, el noviazgo con Regine Olsen.

Kierkegaard la conoce el 8 de mayo de 1837 y, según los recuerdos de ella, puestos por escrito cuarenta años más tarde, se trataba de una comida cotidiana junto a amigos en común, situación en la que todo el mundo estaba pendiente de las palabras ingeniosas que constantemente salían de la boca de Kierkegaard[18]. Él mismo, según lo registra en el diario de vida, parece haber estado más bien pendiente

---

17 DD:126 / SKS 17, 258.

18 Kirmme, Bruce (ed.) *Encounters with Kierkegaard. A Life as Seen by His Contemporaries* Princeton University Press, Princeton, 1996. pág. 39.

de que no se notara dicho rasgo suyo. Ruega, en efecto, a Dios, para que lo ayude a contener su lengua, para poder estar en silencio y no deslumbrar (o aterrar) por su ingenio[19]. Casi tres años más tarde se comprometerían, una vez finalizados los estudios de Kierkegaard. En una nota retrospectiva recuerda que, tras años de lenta aproximación,

> fui a su casa con la firme disposición de dejar el asunto resuelto. Nos vimos afuera de su casa. Me dijo que no había nadie. Tomé estas palabras como la invitación que esperaba y entré con ella. Ahí estábamos, ambos solos, ella algo nerviosa. Le dije que tocara algo en el piano, como era usual. Ella lo hace, pero yo no logro decir nada. Repentinamente, cierro el piano con cierta vehemencia y exclamo «qué me importa a mí la música, es a ti que quiero, es a ti que he querido por dos años». Pero ella permaneció en silencio. La verdad es que yo no había dado paso alguno para cautivarla. Más bien lo contrario, le había hecho advertencias respecto de mí, respecto de mi melancolía[20].

Tras esto, Kierkegaard se dirigió al padre de Regine, quien, bien dispuesto respecto de la idea de tal noviazgo, lo recondujo a su hija, quien ahora aceptó. Pero el párrafo que hemos citado es representativo del tipo de tortuosas reflexiones con que Kierkegaard envuelve la relación entre ambos, preguntándose si acaso su melancolía destruirá a Regine o si acaso la total apertura al otro implicada en el matrimonio es compatible con seguir guardando celosamente un secreto de su padre. Según él, el día de haber iniciado la relación formal con Regine ya sabía que todo había sido un error. Un año más tarde, pondría término al noviazgo, y dejaría Dinamarca para una breve estadía en Berlín.

La ruptura con Regine lleva a Kierkegaard a hablar como si ahora hubiera adquirido «esponsales con Dios». En efecto, lo confirma en la idea de que ha sido llamado a «lo extraordinario», a una vida fuera de lo común, fuera del matrimonio. Crecientemente, invoca incluso un lenguaje monacal para describir el tipo de existencia

---

[19] AA:53 / SKS, 17, 53.
[20] Not:15:4 / SKS 19, 433.

que va a llevar. Junto a convencerlo de este llamado a lo extraordinario, se trata también de una relación decisiva para su obra literaria, pues podemos considerar la ruptura como aquello que vuelve a Kierkegaard un escritor. Aunque ya antes había realizado diversos intentos literarios, es la ruptura la que lleva a un despliegue desbordante de su creatividad. Pocos meses tras ésta, en efecto, estaría acabada su primera obra maestra, *O lo uno o lo otro*.

3. Estudiante

Kierkegaard se comprometió con Regine, entonces de 18 años (él de 27), el 8 de septiembre de 1840. Durante el verano inmediatamente precedente había completado sus exámenes de teología. Por un segundo, pareciera poder llevar una vida convencional: es un hombre serio que ha acabado sus estudios, y tras acabarlos se prepara para el matrimonio. Pero la situación no era convencional: los estudios los había completado en un tiempo récord, tras varios años en que pocos habrían apostado a que alguna vez los completaría. Conviene que dirijamos la mirada al tipo de estudios que realizó durante su periodo formal como estudiante, y al modo en que éstos van configurando la mente del posterior escritor.

A la universidad de Copenhague había ingresado en octubre de 1830, oficialmente inscrito como alumno de teología. Su formación previa, recibida en la escuela de virtud cívica, ya le había dado un buen griego y francés. En 1831 daba en la universidad un examen intermedio calificando con distinción en griego, latín, hebreo, historia y matemáticas. Del talento nadie podría tener dudas, pero tardaría una década en dar sus exámenes finales, pues su ánimo estaba dispuesto para dedicarse a un buen número de disciplinas que no eran parte de su plan de estudios. Tras los primeros años, en efecto, escribía en carta a un pariente que «actualmente estoy embarcado en estudios teológicos, lo cual no me interesa en lo más mínimo»[21]. Este fenómeno, el de un estudiante poco comprometido con sus estudios

---

[21] AA:12 / SKS 17, 18.

formales, es algo que a pocos sorprenderá. Pero nos puede extrañar que ocurra en una disciplina como la teología, que imaginamos elegida por vocación, en contraste con las múltiples carreras que alguien podría estudiar por el lugar natural que las respectivas profesiones parecen ocupar en la sociedad. Quienes vivimos en una cultura en que la teología no es una disciplina habitual de estudio haremos pues bien en recordar lo poco excepcional que era en tiempos de Kierkegaard: era el curso de estudios que su propio hermano había seguido, y era uno que acababa en una carrera bien definida. Estar inscrito en teología no era pues radicalmente distinto de estar hoy inscrito en una facultad de derecho, y la situación de Kierkegaard es la del talentoso estudiante de derecho que extiende por años su carrera porque en realidad su pasión es la historia o la ciencia política.

Lo que Kierkegaard en realidad estudiaba y deseaba estudiar no era pues teología, sino literatura y filosofía. Muy temprano llegó así a cultivar una duradera amistad con Sibbern, el catedrático de filosofía, y con el poeta y filósofo Poul Martin Møller, quien si bien era profesor extraordinario de filosofía, destacaba sobre todo por un gran amor por los clásicos griegos y romanos. Además de transmitir dicho amor a Kierkegaard, cabe notar que Møller era célebre como filósofo particularmente por su uso de los aforismos, un género en el que Kierkegaard también llegaría a destacar. También en Møller podía encontrar la idea de que era necesario encontrar una «visión de mundo» en relación a la cual vivir con coherencia. La presencia de tal anhelo está expresada por Kierkegaard en la ya citada carta a su cuñado Peter Wilhelm Lund, en 1835, carta en la que escribe sobre su necesidad de saber «qué debo hacer, no qué debo saber, salvo por la medida en que la acción siempre es precedida por conocimiento. Lo que debo hacer es entenderme, ver qué es lo que Dios quiere de mí. Se trata de encontrar la verdad que es verdad para mí, la idea por la cual pueda vivir y morir»[22]. La carta evoca cierta mentalidad frecuentemente vinculada a Kierkegaard, en cuanto el acento está puesto no en la veracidad de lo conocido, sino en que sea una verdad «para mí». Pero esto no debe ser leído como una declaración

---

[22] AA:12 / SKS 17, 18.

subjetivista. La misma carta sigue en realidad en términos muy claros diciendo que «no niego el imperativo que hay respecto del conocimiento y que a través del conocimiento se puede trabajar con las personas»[23]. Con todo, es una carta en la que Kierkegaard expresa su abandono del interés por la ciencia natural. El destinatario de la carta llegaría a ser uno de los grandes paleontólogos del siglo, pero Kierkegaard le está narrando precisamente su «conversión» de la ciencia natural a la filosofía.

Pero los diez años en que estuvo alejado de su curso principal de estudios por dedicarse a otras disciplinas no fueron sólo años de intensa búsqueda personal, del tipo retratado en la carta recién citada. También fueron años de una vida simplemente disipada. De esto parece haberlo sacado en parte la positiva influencia de Møller, hacia 1836, pero no daría los exámenes finales hasta la muerte de su padre. Tras la partida de éste, en efecto, Kierkegaard vive lo que llamaría «el paréntesis más largo de mi vida»[24]: había decidido cumplir con el curso de estudios inicialmente adoptado, pero todavía detestaba —y en alguna medida seguiría detestando— la teología académica. El 3 de julio de 1840 la comisión examinadora lo daba por aprobado, con calificaciones buenas sin ser excepcionales, y haciendo notar que si bien su ensayo de graduación contenía menos material específicamente teológico que los ensayos del resto de sus compañeros, mostraba en general un pensamiento más maduro que ellos. Medio año más tarde daría su primer sermón, como parte de la formación en el seminario pastoral, y recibiría comentarios similares: se trataba según sus profesores de un texto consistente, escrito en un lenguaje elevado y excelentemente pronunciado; pero el conflicto del alma humana había sido presentado de un modo demasiado difícil como para que el mensaje llegara al hombre común.

Su futuro tiene que haber estado muy poco claro para Kierkegaard. Como indican los testimonios que acabamos de mencionar, estaba abierta la posibilidad de ser ordenado como pastor; pero estaba asimismo claro el tipo de obstáculos que la personalidad y men-

---

[23] AA:12 / SKS 17, 18.
[24] Not 5:19 / SKS 19, 85.

talidad de Kierkegaard pondría a esto. Estaba asimismo abierta la posibilidad de iniciar una carrera académica. Pero si bien el talento necesario no le faltaba, está claro también aquí cuáles eran los problemas a los que se enfrentaría: si algo había heredado de Poul Martin Møller no era algún conocimiento filosófico específico, sino la crítica de éste a las convenciones sociales. La figura del profesor, por lo demás, sería una que de por vida denostaría. Pero en cualquier caso cumplió con los requisitos necesarios, manteniendo así abierta la posibilidad de ambos caminos de vida. En junio de 1841, en efecto, presentó al decano Sibbern la tesis de maestría *Sobre el concepto de ironía, en constante referencia a Sócrates*. Los comentarios de uno de los examinadores nos pueden recordar la distancia entre el carácter de Kierkegaard y el típico del mundo académico:

> Este es un trabajo que se podría ver muy beneficiado por una serie de revisiones que le den más orden y compresión. Pero dado que, tal como mis colegas, creo que esto no se logrará, pues la personalidad de su autor lo lleva a ni poder ni querer emprender tales cambios, tenemos que limitarnos a solicitar que los casos más excesivos de sarcasmo y burla sean removidos de este trabajo académico. Conversar al respecto con el autor es algo que, sin embargo, haremos mejor en dejar al decano, que ya ha tomado nota de los peores casos[25].

Esta defensa de tesis constituye, en efecto, un buen punto para detenernos a pensar en la relación de Kierkegaard con el mundo universitario. Pues la defensa parece ser su último punto de contacto con el mundo académico, y no es poco común que autores como Kierkegaard sean presentados como alternativa a dicho mundo. Pero si bien se puede hablar de un desdén de Kierkegaard por la teología o la filosofía académicas, esto significa desde luego algo muy distinto en alguien como Kierkegaard que en el despreciador vulgar de tales saberes. Pues él desde sus más tempranas anotaciones en los diarios de vida se nos revela como alguien que no se limita a tener geniales intuiciones, sino como alguien que estudia. Y lo hace en

---

[25] Kirmmse, *Encounters with Kierkegaard* pág. 32.

serio, de modo que cuando quiere comprender el luteranismo, por ejemplo, lee la *Apología de la Confesión de Ausburgo*[26] —no precisamente la lectura de un mero diletante. Considérese, como botón de muestra de sus más tempranas inquietudes, la siguiente nota escrita en su diario apenas dos meses tras su conversión:

> Sería interesante seguir la historia del milenarismo a través de sus variaciones históricas hasta el presente, pues claramente se trata de un fenómeno que está volviendo a emerger, como ocurre por ejemplo en Fichte y otros. Tal vez se podría entender como una alternativa al gnosticismo de Baur[27].

Lo que tenemos en un pasaje como éste es a Kierkegaard interesado en interpretar fenómenos de la vida intelectual contemporánea con categorías teológicas clásicas: Fichte desde el milenarismo, Baur desde el gnosticismo. Y no se trata de algo que sólo deje al nivel de las intuiciones, sino que rápidamente se informa respecto de una voluminosa historia del milenarismo[28]. Por lo que respecta a la escena teológica contemporánea, Kierkegaard también hace un esfuerzo significativo por estar al tanto de lo que ocurre en la misma. Durante tres años (1835-1838) estuvo personalmente suscrito al *Zeitschrift für spekulative Theologie*, revista por la que se difundía la teología liberal contemporánea. De modo que, si bien Kierkegaard por supuesto no es un académico, tampoco debe ser reducido a la «autenticidad» de un genio espontáneo. Muy por el contrario, es un estudioso, y lo es en cada área del saber por la que se ve atraído.

4. Cristiano

Los tempranos años de estudiante que hemos calificado como disipados no fueron sólo de abandono de los estudios, sino de un generalizado descarrío. En 1839, comentando dichos años pasados,

---

[26] Papir 81:1 / SKS 27, 109.
[27] DD:124 / SKS 17, 257.
[28] DD:124a / SKS 17, 257.

escribe que «aunque dedicara ahora mi vida completa a Dios», «eso no bastaría para compensar por los excesos de mi juventud»[29]. Sobre la naturaleza específica de dichos excesos no nos informa en el diario, pero ciertamente habían implicado también un alejamiento del cristianismo del padre. Así, uno encuentra tempranas afirmaciones en las que parece adelantarse a Nietzsche en la queja por la «debilidad» del cristianismo: en comparación con los paganos, los cristianos carecerían de «fuerza viril»[30]. Mirando el cristianismo contemporáneo, escribe en 1835 que le parece dominado por una imaginación bien desarrollada sobre los tormentos futuros, pero paupérrima respecto del gozo de los redimidos: «no hay un discurso sobre una vida espiritual sólida, sobre lo que será ver a Dios cara a cara, sobre lo que significa conocerlo»[31]. La fe heredada de su padre, el cristianismo oficialmente profesado por la totalidad de sus contemporáneos, le parece simplemente un «aire nauseabundo»[32].

Pero Kierkegaard es conocido por lo opuesto a este temprano abandono del cristianismo; es conocido por su posterior transformación en un intenso pensador cristiano. En el camino hacia dicho destino hay dos experiencias de conversión registradas por él. La primera está registrada con precisión, al punto de mencionar día y hora de la misma. En una nota de mayo de 1838 menciona una experiencia de

gozo indescriptible que se despierta en nosotros de un modo tan inexplicable como la exclamación del apóstol «regocijaos y, otra vez, regocijaos». No se trata de un gozo por esto o aquello, sino de un gozo completo del alma «con lengua y boca, desde el fondo del corazón». «Me gozo en mi gozo, con, de, por, mediante y con mi gozo». Un refrán celestial interrumpe de pronto el resto de las canciones, un gozo que refresca como briza fresca, un empujón de vientos alisios que va a través del valle de Mamre hasta las mansiones celestiales[33].

---

[29] EE:148 / SKS 18, 52.
[30] AA:15 / SKS 17, 34.
[31] AA:18 / SKS 17, 34.
[32] AA:18 / SKS 17, 34.
[33] DD:113 / SKS 17, 254-255.

Esto no es lo que todo el mundo esperaría de un autor frecuentemente caracterizado por su carácter sombrío, pero el texto es elocuente —como muchos otros de Kierkegaard— en la centralidad dada al gozo[34]. Ha habido, por cierto, algún intento por desacretitar la autenticidad de estos relatos de conversión, como si se tratara de simples ejercicios literarios de Kierkegaard[35]. Quienes son escépticos al respecto tienen cierto fundamento, pues Kierkegaard obviamente transforma de modo poético sus experiencias. Pero si se atiende al conjunto del diario parece correcto afirmar que, si bien hay transformación poética de lo vivido, y si bien esta experiencia del 9 de mayo no generó una disposición anímica constante, se trata del comienzo de un camino espiritual en el que no habrá pie atrás. Dos meses más tarde, el 9 de julio, Kierkegaard escribe que «quiero trabajar por llegar a una relación mucho más íntima con el cristianismo. Hasta ahora he estado en cierto sentido luchando por su verdad al costado del mismo. He llevado la cruz de Cristo, pero de un modo externo, como Simón de Cirene»[36]. Ahora la relación con el cristianismo sería pues más interna, aunque no por eso menos problemática.

Un mes tras la decisión de cultivar «una relación mucho más íntima con el cristianismo», ya encontramos a Kierkegaard haciendo una observación de cierta distancia sobre la iglesia. Al primer siglo de la iglesia, escribe, los historiadores de la iglesia lo llaman «apostólico», pero a los subsiguientes los acostumbran designar por la herejía predominante en cada uno: *gnosticum, novatianum, arianum.* «Parece que la iglesia se acaba en el siglo primero», sentencia[37]. No hay que sobreinterpretar esta observación pasajera, pero sí se trata de un tema particularmente central para el modo en que Kierkegaard llegó a relacionarse con el cristianismo: es un cristianismo que, al menos a nivel superficial,

---

[34] Sobre la felicidad en Kierkegaard puede verse Olivares, Benjamín. «El concepto de felicidad en el estadio ético. La integración de la estética en la vida ética» en *La mirada kierkegaardiana* 0, 2008.

[35] El ejercicio más significativo en ese sentido, por haberse desarrollado al margen de las lecturas postmodernas que apuntarían al mismo resultado, es Fenger, Henning. *Kierkegaard, the Myths and Their Origins: Studies in the Kierkegaardian Papers and Letters* Yale University Press, New Haven y Londres, 1980.

[36] DD:117 / SKS 17, 255.

[37] DD:136 / SKS 17, 260.

parece ser considerablemente crítico de la iglesia y de la tradición cristiana. Pero vale la pena desde un comienzo estar alerta a cómo esto se desarrolla de la mano de un profundo aprecio por la iglesia y por observaciones significativas sobre la naturaleza de la misma. En 1835, por ejemplo, Kierkegaard visita una antigua iglesia y escribe positivamente impresionado tras constatar que desde tiempos de la Reforma cada pastor que tenía a su cargo esta comunidad había permanecido de modo estable en ella entre treinta y cuarenta años[38]. Esa valoración de la constancia no es propia de alguien con una mentalidad simplemente antieclesiástica. En cierto sentido todo parece ser así en Kierkegaard: una aparente unilateralidad, y tras eso una más honda comprensión de la complejidad que constituye lo humano.

Pero en cualquier caso es cierto que el despertar religioso de Kierkegaard va desde un comienzo de la mano de cierta distancia respecto de cómo el cristianismo es vivido en la Dinamarca contemporánea. Dicha distancia adopta desde el comienzo la forma de una crítica de la «cristiandad», una crítica del «cristianismo establecido». Conviene buscar algo de claridad respecto de qué es lo que Kierkegaard específicamente critica. Podríamos partir por decir que lo criticado es la confusión, esto es, la confusión de los parámetros cristianos de existencia con parámetros de otro tenor: parámetros de un danés culto del siglo XIX. Pero para detectar que hay tal confusión, desde luego se debe tener una concepción muy clara de aquello en lo que el cristianismo específicamente consiste. Y Kierkegaard está seguro de poseer eso, de poseer en un grado inusual conocimiento respecto de la naturaleza del cristianismo, respecto de lo que cabe exigir a un cristiano, respecto de lo que significa ser un cristiano. A lo largo de toda su obra la conciencia de poseer tal conocimiento va acompañada de una conciencia de no representar en la propia existencia dicho ideal cristiano. Kierkegaard parece constantemente estar diciendo «yo no soy ideal, pero tampoco estoy dispuesto a rebajar el ideal». El don que creía tener era precisamente la capacidad para retratar dicho ideal del modo más enfático posible, de modo que quedara claro que el resto del mundo vivía en una confusión.

---

[38] AA:9 / SKS 17, 17.

¿Cuál es ese ideal? En alguna medida podría resumirse en un programa de sencillez religiosa, disposición al sacrificio, y alegría en medio del mismo. Reconocer el programa no requiere por tanto ser un genio, sino que requiere huir del autoengaño, y requiere también cierta cautela ante la multitud de interpretaciones que parecen cubrir el acceso a esta sencillez. Por este último motivo, Kierkegaard con frecuencia parece querer saltarse todo el fenómeno de la interpretación bíblica, como en el siguiente pasaje de sus últimos años:

> Entender lo requerido en la Palabra de Dios parece sencillo («Den sus bienes a los pobres», «Si alguien te golpea en la mejilla derecha, ofrécele la izquierda», «Si alguien te pide la capa, dale también la túnica», «Alégrense siempre», «Regocíjense cuando enfrenten diversas pruebas», etc.). De hecho, es tan fácil como entender la observación «hoy hay buen clima». Esta afirmación sólo se podría volver difícil si naciera toda una avalancha de literatura destinada a interpretarla[39].

Afirmaciones como ésta ponen a Kierkegaard en cierta tensión no sólo respecto del acomodo social del cristianismo, sino también en cierta tensión con la historia intelectual del cristianismo o con las interpretaciones académicas del mismo. Debemos tener claro que en el contexto europeo del siglo XIX, dichas dos críticas se encuentran fuertemente unidas: quienes representan para alguien como Kierkegaard el cúmulo de interpretaciones que obstaculizan el acceso al sencillo mensaje del evangelio, quienes representan la confusión intelectual, representan también la confusión social.

Hablar abiertamente al respecto es algo que Kierkegaard empieza a hacer tras la segunda de las «conversiones» que hemos mencionado. En efecto, diez años tras el texto de 1838 que antes citamos, en la pascua de 1848, hay una breve anotación según la cual «mi ser completo se ha visto transformado» y la conclusión (que tardaría todavía en llevar a la práctica) es que «debo hablar»[40]. ¿Contra quién? ¿Diciendo qué? Quienes tienen alguna familiaridad con la biografía de Kierkegaard saben que los

---

[39] SKS 13, 61.
[40] NB4:152 / SKS 20, 357.

nombres a evocar en este contexto son los de los sucesivos primados de la Iglesia Danesa: Mynster y Martensen. Pero el mismo Kierkegaard, a través de los textos polémicos de sus últimos años, ha llevado a que consideremos la posición de ambos obispos como demasiado homogénea. Para comprender la naturaleza de la fe de Kierkegaard, para entenderla en adecuado contraste con sus contrincantes, debemos partir por recuperar la diferencia entre ambos. Ambos representan, es cierto, el cristianismo «oficial». Pero no representan una misma teología ni unos mismos énfasis. Mynster, quien había sido el pastor del padre de Kierkegaard, estaba lejos del hegelianismo que encarnaría su sucesor. Por otro lado, su propia vida había estado marcada por una temprana conversión, y luego por un constante llamado a la necesidad de cultivar cierta disciplina en la búsqueda de soledad, de meditación a solas. Eso contrasta con el movimiento más fuertemente congregacional de Grundtvig, y de un modo que parecería acercar a Mynster a Kierkegaard. Su creciente distanciamiento parece, en efecto, deberse en gran medida a malentendidos. Cuando Kierkegaard, por ejemplo, pregunta a Mynster si acaso debiera hacerse pastor, éste le responde afirmativamente; pero Kierkegaard interpreta mal la respuesta positiva —«esto te podría hacer bien»—, como si Mynster le estuviese diciendo «sí, ya es hora de que llegues a ser alguien». «Pero yo, escribe Kierkegaard comentando el encuentro, no aspiro a ser alguien, sino a ser lo menos posible»[41]. Así, aunque son numerosos los momentos en que Kierkegaard reconoce su reverencia por Mynster, éste —y toda la iglesia con él— son crecientemente asociados por Kierkegaard con gente que busca ser algo en este mundo —precisamente lo que a él le parece que un cristiano no puede desear. Mynster también tiene que haber percibido que las crecientes críticas de Kierkegaard a la iglesia eran también críticas a él, quien la encabezaba, y así un distanciamiento o un choque se volvieron crecientemente inevitables.

Pero ese choque, el choque con Mynster, fue silencioso. Kierkegaard había esperado de parte de éste el simple reconocimiento de que el cristianismo vivido en la Iglesia Danesa no era «el cristianismo del Nuevo Testamento», y con dicho reconocimiento afirmaba que se quedaría en paz. Pero naturalmente no obtuvo nada semejante. Entre

---

[41] NB:57 / SKS 20, 52.

los criterios que Kierkegaard estaba usando para determinar qué es un «cristianismo del Nuevo Testamento», ya no se encontraba tanto el énfasis en lo interior —que lo habría unido a Mynster— sino cada vez más ciertos elementos visibles como el sufrimiento y el martirio. Sobre la base de ese vínculo entre el cristianismo y el martirio se determinaría quién es un «testigo de la verdad». «Un testigo de la verdad es alguien que es azotado, maltratado, arrastrado de una prisión a otra, [...] y finalmente es crucificado o quemado, mientras que su cuerpo sin sepultura es arrojado por el asistente del verdugo en algún lugar desconocido»[42]. Así lo describiría Kierkegaard en un artículo de prensa unos meses tras la muerte de Mynster. El artículo respondía a uno en que Martensen, su sucesor, había aclamado al difunto como un «testigo de la verdad». Con dicho artículo de Martensen Kierkegaard había dado por recibida la señal para su batalla final.

Si retrocedemos algunos años, se podrá ver que el ataque contra Martensen se relaciona no sólo con el juicio que Kierkegaard hace del cristianismo contemporáneo, sino que se relaciona también con un juicio sobre el tipo de autor o pensador cristiano que Martensen sería. Así, en 1849 escribe que «mientras el mundo se está cayendo a pedazos, mientras cualquiera con ojos para ver sería capaz de diagnosticar que esto de los millones de cristianos es un fraude, que el cristianismo ha desaparecido de la faz de la tierra, Martensen se sienta a escribir un sistema de dogmática. ¿Qué significa que emprenda semejante tarea? Significa que, en lo que respecta a la fe, en este país todo está como debiera estar, que todos somos cristianos, que no hay peligros a la vista —con toda tranquilidad nos podemos dedicar al trabajo académico»[43]. Como ya hemos señalado, este tipo de afirmaciones deben ser leídas con cautela. No representan un rechazo por principio a todo esfuerzo académico o sistemático, pues a renglón seguido Kierkegaard juzga dicho trabajo académico no por excesivo, no por estar demás, sino por sus insuficiencias. «Cualquiera de mis propias obras populares es más estricta en sus determinacio-

---

[42] SKS 14, 124.
[43] NB12:14 / SKS 22, 153.

nes conceptuales», sentencia[44]. Pero *la situación* exige algo muy distinto: Kierkegaard está acusando a Martensen de ceguera espiritual, de incapacidad de diagnóstico de la cultura contemporánea.

El artículo de Kierkegaard negando que Mynster hubiese sido un «testigo de la verdad» daría inicio a un largo conflicto a través de la prensa, un conflicto que primero se libraría a través del periódico Fædrelandet (*La patria*), para luego culminar a través de un periódico editado por el mismo Kierkegaard, *El instante*. ¿Qué pide Kierkegaard a lo largo de este debate? Kierkegaard no se presenta a sí mismo como un reformador, sino como alguien que quiere que acabe aquello que considera una ilusión.

> Yo no represento —como un hombre muy bienintencionado ha querido presentarme— no represento la severidad cristiana que se opone a la tibieza cristiana. Para nada. Yo no soy ni severidad ni tibieza… soy la simple honestidad humana. […] Una rebelión honesta contra el cristianismo sólo puede darse donde honestamente se advierte qué es el cristianismo y cómo se relaciona uno con el mismo[45].

Tales palabras por supuesto han dado pie a que se intente mostrar a Kierkegaard como alguien que sólo está por la honestidad, como si literalmente fuera un juez externo que pregunta por la naturaleza del cristianismo sin tener una particular relación personal con el mismo. Sus palabras finales en el hospital nos permiten calibrar mejor su posición. Kierkegaard mantiene ahí de modo estricto su posición crítica frente a la cristiandad oficial: afirma que recibirá los sacramentos, pero sólo si se los da un laico (esto es, un cristiano que no sea un funcionario público). Emil Boesen, el amigo pastor con quien tiene tal conversación, le recuerda que eso no es posible. Pero Boesen le pregunta también si acaso «crees en el Señor Jesucristo y en el nombre de Dios buscas refugio en Él», y la respuesta de Kierkegaard es un simple «sí, por supuesto, ¿qué más podría hacer?»[46]

---

[44] NB12:16 / SKS 22, 154.
[45] SKS 14, 179.
[46] Kirmmse, *Encounters with Kierkegaard* pág. 125.

Tales palabras finales nos permiten pensar en Kierkegaard como alguien que recorre un complejo camino hacia la sencillez. En sus propias palabras, «la simplicidad no es un simple punto de partida que luego se deja atrás para llegar luego a ser interesante, agudo, profundo, poeta, filósofo, etc. Por el contrario, es por aquí que se empieza (con lo interesante, etc.) para hacerse cada vez más sencillo y alcanzar la simplicidad»[47]. Pero la sencillez a la que arriba tampoco es tan sencilla, y nos deja suficientes preguntas abiertas para abordar a lo largo de este libro: ¿implica la concepción kierkegaardiana del cristianismo una ruptura con la idea de iglesia? ¿Implica una ruptura con todo lo que parezca cristianismo «tradicional»? ¿Implica ruptura con la base textual, con la pretensión de buscar verdad en textos de dos mil años atrás y tenerlos por auténticos? ¿Implica dejar de considerar la historia como relevante para la identidad cristiana? ¿Implica ruptura con la filosofía o en general con la capacidad humana de pensar?

5. Escritor

Según la interpretación que Kierkegaard ofrece de sus propios escritos, el centro y el sentido de los mismos se encuentra en su condición de escritor religioso. Absolutamente todo lo que hizo se relacionaría con desenmascarar «la monstruosa ilusión de la cristiandad», la idea de que en un país como Dinamarca todos son cristianos. Pero ésa es una interpretación que él ofrece de modo retrospectivo; y la vida, según observa él mismo en otra ocasión, «debe ser comprendida hacia atrás, pero debe ser vivida hacia delante»[48]. Eso vale también para la vida de escritor, que se comienza sin completa claridad respecto del rumbo de la misma. Kierkegaard comienza la suya con anotaciones en un diario de vida. Dio inicio a éste en abril del año 1834. Se trata de una fecha significativa, por cuanto es la fecha en la que más bien debería haber estado finalizando sus estudios. Como hemos visto, eso no ocurrirá por aún considerable tiempo: en lugar de terminarlos, está dedicado a dar inicio a sus pri-

---

[47] SKS 13, 13.
[48] JJ:167 / SKS 18, 194.

meros papeles filosóficos, teológicos y literarios. Iniciados a sus 21 años, dichos diarios dan desde un comienzo la impresión de haber sido escritos para ser publicados de modo póstumo. En vida alcanza a pensar en encomendar a alguien, como el filósofo Rasmus Nielsen, la publicación de estos papeles, incluso refiréndose él mismo a ellos como obra póstuma. Tras su muerte su sobrino Henrik Lund fue el primero en tomar posesión de estos textos, junto al resto de su obra, y organizarlos para su publicación. El comentario del mismo al entrar al departamento de Kierkegaard tras el entierro para recogerlos, es que las habitaciones estaban llenas de «una gran cantidad de papeles, principalmente manuscritos, ubicados en variados lugares»[49]. La asombrosa producción abarcaba la hoy por todos conocida obra publicada, así como proyectos inconclusos e innumerables anotaciones autobiográficas. La recientemente acabada edición crítica, *Søren Kierkegaards Skrifter*, recoge su obra en 55 volúmenes[50].

Hemos mencionado ya las dudas respecto de cómo debe ser caracterizado Kierkegaard, si acaso es un filósofo, un teólogo, o si poseemos una categoría adecuada para pensadores como él. Pero de lo que no cabe ninguna duda, es que fue un gran escritor, uno de los grandes maestros de su lengua. No es lo que habrían esperado quienes lo conocían en el tiempo de su debut. En 1838 publicó su primer texto, *De los papeles de alguien que todavía vive*, pero uno de sus compañeros de escuela asegura haber tenido que virtualmente traducir la obra del latín al danés. «Es extraño —escribe su compañero— que alguien que acabaría escribiendo un danés tan excelente no tuviera la menor noción del mismo en su juventud, sino que escribiera un danés—latín lleno de participios y de las más complejas estructuras»[51]. Pero esto no sólo es testimonio de algún problema inicial con su propia lengua, sino que ante todo es un testimonio de la medida en que hasta ese momento Kierkegaard puede ser carac-

---

[49] Nielsen, Flemming Christian. *Alt blev godt betalt. Auktionen over Søren Kierkegaards indbo* Holkenfeldt, Viborg, 2000. pág. 7.
[50] Para un listado completo de las obras, la clasificación de las entradas de los diarios y las abreviaciones que hemos usado, véase el correspondiente apéndice al final de este libro.
[51] Kirmmse, *Encounters with Kierkegaard* pág. 12.

terizado por su formación en una tradición clásica: es alguien formado en el canon de la literatura occidental, tanto en su tradición antigua como moderna. Indudablemente lo que acaba siendo como escritor —una vez que aprende a separar el danés del latín— se debe en una fuerte medida a tal formación, además de a la variedad de problemas espirituales que lo ocupan y a su propio genio.

Pero en su carrera de escritor hay también un factor decisivo de naturaleza más externa. Hemos visto que la muerte de su padre tiene lugar en una edad avanzada del mismo, pero aún en la juventud de Søren. Habiendo dejado sólo dos hijos, esto implicaba una significativa herencia para cada uno, una herencia que hoy equivaldría a medio millón de dólares. Si Søren hubiese recibido dicha suma unos meses antes, tal vez la habría despilfarrado con rapidez. Pero por lo que hemos visto la recibe precisamente en un momento en que su vida empieza a cobrar un rumbo más decidido, y lo que esta herencia logra es darle independencia económica. Administrando con un mínimo de moderación dicha suma, podría vivir de ella un número suficiente de años. Así, pudo empezar a vivir como escritor, sin tener que enfrentar algunos obstáculos que en otra situación habrían sido urgentes. Porque, en primer lugar, habría tenido por delante preguntas sobre su futuro laboral. ¿Debería ordenarse como pastor? ¿debería seguir una carrera académica? Tenía los dones necesarios para seguir cualquiera de esos dos caminos, pero cada uno implicaba también ciertos compromisos con posiciones que difícilmente sobrellevaría. Como escritor independiente, como escritor edificante independiente, parecería tener las ventajas de cada uno de estos caminos sin los problemas concomitantes. Por lo demás, Kierkegaard, un hombre que habla mucho sobre la decisión, no parecía caracterizarse por llegar fácilmente a una. En segundo lugar, había un obstáculo más inmediato que podía ser saltado: su primer intento de publicación, *De los papeles de alguien que todavía vive*, había sido rechazado en la revista dirigida por Heiberg; ahora poseía el dinero para publicarlo por su cuenta. Con todo, dicho punto no debiera ser leído como un signo muy auspicioso respecto de su futuro: nadie quiere debutar con una autopublicación. Un debut es un debut precisamente por aparecer en un medio ya reconocido, mientras que

Kierkegaard aquí tuvo que poner él mismo el medio. Pero, al menos, tenía los medios para hacerlo.

El autopublicado debut tenía un subtítulo que nos introduce a uno de los grandes temas de la producción kierkegaardiana: «editado contra su voluntad por S. Kierkegaard». Kierkegaard parece todo el tiempo estar entrando y saliendo de la categoría de «autor». Los problemas así creados son tan grandes que les tendremos que dedicar un apartado propio (véase la próxima sección). Por lo pronto, baste con notar que tras la siguiente pieza, la tesis sobre la ironía, se iniciaría la larga serie de textos firmados con pseudónimo. La serie se inicia con *O lo uno o lo otro*, publicada en 1843 bajo el pseudónimo de Víctor Eremita. Con esta obra, que fue todo un acontecimiento literario, se abre la larga serie de escritos pseudónimos, que ocasionalmente suelen ser también descritos como «estéticos» o indirectos. Pero desde un comienzo fueron acompañados por escritos «religiosos», y ya este año encontramos *Dos discursos edificantes*, publicados de modo paralelo a la obra mayor. Como si esto fuera poco, el mismo año 1843 publica *Temor y temblor* y *La repetición*, ambas obras pseudónimas con más series de discursos edificantes publicados de modo paralelo. Una dinámica similar sigue en los dos años siguientes, con la publicación de *Migajas Filosóficas*, *Prefacios* y *El concepto de angustia* en 1844, y *Estadios en el camino de la vida* en 1845, obras pseudónimas siempre acompañadas de paralelos discursos edificantes firmados por Kierkegaard (para el detalle véase la tabla de obras publicadas al final de este libro)

Pero 1846 vuelve a ser un año de cambio y vacilación. La última de las grandes obras pseudónimas es publicada ese año, el *Postscriptum conclusivo y no académico a las migajas milosóficas*[52]. No sólo la palabra «conclusivo», sino un apéndice de la obra titulado «una primera y última aclaración» deja clara la intención de Kierkegaard de poner fin a su obra como escritor. En ese momen-

---

[52] La traducción usual suele decir «no científico» en lugar de «no académico». En el danés, sin embargo, como en el alemán *wissenschaftlich*, *videnskabelig* es un término más amplio que el estrecho sentido que entre nosotros ha adquirido la palabra *científico*.

to escribe que «mi idea ahora es prepararme para una ordenación como pastor. Por muchos meses he orado para que Dios me ayude, porque por un buen tiempo he tenido claro que no debo seguir siendo un autor, que ser un autor es algo que o bien deseo ser de modo completo, o de ningún modo. Por lo mismo, no he dado inicio a ninguna obra nueva mientras reviso las pruebas de imprenta del *Postscriptum*, salvo por la pequeña reseña de *Dos Épocas*, que también tiene carácter conclusivo»[53]. El texto al que se refiere, la reseña de una novela contemporánea, acabó en realidad siendo también del tamaño de un libro, y nos permite acentuar el vuelco que parece estar teniendo en este período. Pues escribir una reseña es, una vez más, un modo de escribir sin ser propiamente un autor. Pero aunque fuera una reseña, es una llena de ideas del mismo Kierkegaard, conteniendo de hecho su más concentrada crítica de la sociedad de masas, una sección de la reseña que suele publicarse de modo independiente con el título de *La Época Presente*. Y de hecho esta obra significó el paso hacia obras exclusivamente religiosas, como son las que publicó desde esta fecha hasta su muerte en 1855. La transición de la producción predominantemente estético—filosófica a la religiosa se da pues mediante una obra de fuerte crítica cultural y política. Pero hay otro sentido en el que *La Época Presente* también resulta una obra de transición dentro del corpus kierkegaardiano. Su producción anterior, el grueso de la cual corresponde a obras escritas bajo pseudónimo, puede ser vista como una crítica a la modernidad desde diversas posturas excéntricas, esto es, las de los respectivos pseudónimos, que desde diversas posiciones unilaterales intentan remecer la conciencia estética, ética o religiosa con llamados a una elección radical, del tipo «o lo uno o lo otro». Luego encontramos en *La Época Presente* una crítica a la modernidad desarrollada en los términos que el mismo Kierkegaard suscribe, dejando ya de lado la barrera de los pseudónimos. Finalmente, en el ataque a la Iglesia Danesa a través de la prensa, la crítica a la modernidad se desarrolla en los términos que Kierkegaard antes habría descrito como los de la modernidad misma —los de la propaganda, la

---

[53] JJ:415 / SKS 18, 278.

publicidad. Esto último podría igualmente presentarse bajo una luz más positiva: Kierkegaard se dirige al final exclusivamente al «hombre común y corriente»[54].

Pero también ahí, en su obra «panfletaria», Kierkegaard es incapaz de controlar su vocación de escritor que ha estado «colgándome de los pensamientos como un enamorado, como un artista enamorado de su instrumento, entretenerme con el idioma, arrancarle las expresiones que el pensamiento pedía —¡Fascinante pasatiempo!— ¡En toda una eternidad no podría cansarme de esta ocupación!»[55] El presente libro no es sobre Kierkegaard como escritor, pero sí pretende ser un libro escrito con conciencia de que es como tal que Kierkegaard se entiende a sí mismo. Pero él mismo tenía ideas muy propias respecto de qué es ser un escritor. Conviene pues que, antes de adentrarnos en su obra, revisemos algo de lo que dice al respecto.

---

[54] Al respecto véase Bukdahl, Jørgen. *Søren Kierkegaard and the common man* Eerdmans, Grand Rapids, 2001.
[55] SKS 13, 129-130.

Kierkegaard y su obra como escritor

Kierkegaard pertenece a aquel tipo de autores que no sólo escriben, sino que también escriben sobre el acto de escribir[56]. «La mayoría —escribe— ha olvidado que ser un autor es acción. Así, temen avanzar con la lentitud debida, porque cada autor cree ser alguien que está siendo sometido a un examen, y teme que alguien lo sorprenda delatando su ignorancia»[57]. Temiendo ser calificado de ignorante, cada autor se esfuerza por decir de golpe todo lo que sabe; pero así las impresiones no alcanzan a calar hondo —no alcanza a calar hondo la conciencia de pecado, porque el autor edificante está apurado en demostrar que sabe también sobre el perdón de los pecados. Kierkegaard es tal vez el modelo más perfecto de lo contrario, del autor que está dispuesto a avanzar lento, dejar que cale hondo un énfasis, aunque eso implique ser incomprendido por décadas. Donde esto resulta más palpable, y a donde mayor confusión puede conducir, es en el hecho de que ese tipo de unilateralidad la exhibe no sólo cuando escribe, sino también cuando escribe sobre su labor como escritor. Sus testimonios sobre dicha labor, por lo mismo, constituyen un terreno en el que hay que detenerse. También el lector necesita lentitud.

---

[56] Al respecto puede verse en castellano Guerrero, Luis. *La verdad subjetiva. Søren Kierkegaard como escritor* Universidad Iberoamericana, México, 2004. Véase también la notable obra de Ziolkowski, Eric. *The Literary Kierkegaard* Northwestern University Press, Evanston, 2011.

[57] NB:31 / SKS 20, 34.

1. Informes para la historia

En *Sobre mi obra como escritor*, una pequeña pieza publicada en 1851, Kierkegaard cierra su interpretación de sí mismo afirmando que se entiende a sí mismo «más como lector de libros que como escritor de ellos»[58]. Pero eso es algo que está diciendo no respecto de los libros de otros, sino sobre su propia obra. Es ésta la que en cierto sentido está constantemente releyendo, porque ella es su propia educación[59]. Y no sólo está constantemente releyendo sus propias obras, sino escribiendo sobre ellas. En algunas ocasiones se trata de reflexiones personales sobre una obra, puestas por escrito en la intimidad de los papeles personales. En otros casos, en cambio, se trata de verdaderos instructivos para sus lectores, textos en los que Kierkegaard explica cómo quiere ser leído. En ese género caen textos como el mencionado *Sobre mi obra como escritor* y el más extenso *El punto de vista sobre mi obra como escritor*. Este último libro está subtitulado «una comunicación directa, un informe para la historia». Tal subtítulo, una comunicación directa, contrasta con el carácter indirecto de las obras que firma con pseudónimo. Pero también estas obras pseudónimas contienen reflexión sobre la propia obra. Es más, un pseudónimo puede en ocasiones hacer observaciones no sólo sobre la obra de otros pseudónimos, sino incluso sobre la obra del mismo «Magister Kierkegaard».

Así ocurre, por ejemplo, en el *Postscriptum*, donde encontramos cada uno de estos fenómenos. El pseudónimo de turno, Johannes Climacus, escribe en la mitad de la obra una larga sección consistente en una «ojeada a un esfuerzo contemporáneo en la literatura danesa», donde pasa revista a todas las obras pseudónimas; pero presenta su juicio como el de un lector cualquiera, indicando que no sabe si acaso su interpretación de las obras coincidirá con la intención de los respectivos autores pseudónimos[60]. En el mismo apéndice comenta también los escritos edificantes de «Magister Kierkegaard» y menciona incluso una conversación que habría tenido con

---

[58] SKS 13, 19.
[59] SKS 13, 19.
[60] SKS 7, 228-229.

éste, en la que Kierkegaard le habría manifestado su consternación porque la gente no entiende la diferencia entre un «sermón» y un «discurso edificante»[61]. Como cualquiera puede entender, este tipo de reflexión directa e indirecta sobre la propia obra crea serias dificultades para el lector.

La dificultad principal podríamos resumirla diciendo que algunos de los textos de Kierkegaard sobre su propia producción literaria parecen diseñados para ayudar al lector a encontrar su camino, otros en cambio para confundirlo: *El punto de vista* quiere mostrar precisamente *el* punto de vista, mientras que el pseudónimo Johannes Climacus manifiesta dudas de que su propia interpretación coincida con la de los otros pseudónimos (sugiriendo, por tanto, que no existe *el* punto de vista sobre estas obras). En otros casos, somos conducidos a tal confusión por un camino más indirecto aún: se nos dice que es fácil algo que en realidad es palmariamente difícil. Así, en el mismo apéndice Climacus afirma que *El concepto de la angustia*, a pesar de ser una obra pseudónima, es bastante más directa que las otras «e incluso un poco pedagógica»[62] — «pedagógica» no es el término que a algún lector se le ocurriría usar para calificar esta obra de Kierkegaard, uno de sus textos más arduos de interpretar.

¿Hay algún punto en el que se resuelva esta tensión? ¿Algún punto en el que caigan las máscaras y nos enteremos de modo sencillo del mensaje central de Kierkegaard, y de cómo cada obra pseudónima contribuye al mismo? Un lugar en el que eso parece ocurrir es en el apéndice final del *Postscriptum*. Dicho apéndice, firmado por Kierkegaard con su propio nombre y bajo el título de «primera y última aclaración», contiene las siguientes palabras que parecen constituir el más franco desenmascaramiento:

> Por una cuestión de formalidad y orden, reconoceré aquí lo que apenas puede interesar a alguien saber, que yo soy, como se dice, autor de: *O lo uno o lo otro* (Víctor Eremita), Copenhague en febrero de 1843; *Temor y temblor* (Johannes de Si-

---

[61] SKS 7, 233.
[62] SKS 7, 245.

lentio), 1843; *La repetición* (Constantin Constantius) 1843; *Sobre el concepto de la angustia* (Vigilius Haufniensis) 1844; *Prefacios* (Nicolaus Notabene) 1844; *Migajas filosóficas* (Johannes Climacus) 1844; *Etapas en el camino de la vida* (Hilarius Bogbinder, William Afham, el Asesor, Frater Taciturnus) 1845; *Postscriptum conclusivo y no académico a las Migajas filosóficas* (Johannes Climacus) 1846; un artículo en Fædrelandet Nr.1168, 1843 (Víctor Eremita); dos artículos en Fædrelandet, enero de 1846 (Frater Taciturnus).

A este listado de obras con sus respectivos pseudónimos lo sigue una explicación del sentido de la pseudonimia:

> Mi pseudonimia o polinimia no tienen un fundamento casual en mi persona [...] sino uno esencial en la producción misma [...]. Porque mi relación es más externa que la del poeta, que crea personas, pero es él mismo en el prefacio. Yo, en cambio, soy impersonal, o personal en tercera persona, un insuflador, que poéticamente ha creado autores, cuyos prefacios, sí, incluso sus propios nombres, son su propia creación. De modo que en las obras pseudónimas no hay una sola palabra que me pertenezca; no tengo ninguna opinión respecto de ellas si no es como un tercero, ningún conocimiento sobre su significado excepto como lector, no tengo ni la más remota relación privada con ellas. [...] Mi deseo, mi oración, es que si alguien tuviera la ocurrencia de citar alguna afirmación de los libros, me haga el favor de citar el nombre del respectivo autor pseudónimo, no el mío.

Si esto es un desenmascaramiento, no es uno que resuelva nuestros problemas. ¿Es posible esperar entonces algún sentido global de la producción de Kierkegaard? ¿O debemos limitarnos al juego de las distintas voces, renunciando a toda interpretación unitaria? A continuación buscaré introducir a algunos de los caminos que han sido seguidos ante esta dificultad, explicaré el tipo de vía media que me parece razonable y el modo en que dicha vía media se encuentra relacionada no simplemente con ciertas técnicas de comunicación, sino con elementos del talante de Kierkegaard como la ironía y la seriedad.

2. El vínculo entre el autor y los textos

En un capítulo anterior ya hemos prestado algo de atención a la biografía de Kierkegaard. Naturalmente, tal biografía, en muchos sentidos fascinante, ha sido uno de los caminos buscados para otorgar sentido unitario a su obra. Así, es común presentarla como dominada por una melancolía heredada de su padre, o bien se ha presentado la relación con Regine como uno de los hilos que permiten unificar la obra. No es extraño encontrar autores que digan que a Kierkegaard lo encontramos completo expuesto en sus obras, que «derrama su propia vida, su personalidad, sus emociones, su más profundo interés, en sus escritos»[63]. ¿Pero es así? Ciertamente sus obras están llenas de elementos tomados de su vida, transformados poética y reflexivamente. Pero eso está lejos de implicar que su vida nos dé alguna clave para descifrar las obras. El mismo Kierkegaard advierte en al menos dos lugares sobre ese modo de leer, y se trata precisamente de sus dos grandes recensiones literarias (lugares en los que, se puede presumir, es particularmente claro respecto de cómo se debe leer —y leerlo a él).

En la primera de estas obras, *De los papeles de alguien que todavía vive*, estamos ante una crítica a Hans Christian Andersen; en el segundo caso, *Una recensión literaria*, se trata de un comentario a la obra de Thomasine Gyllembourg. En la primera, Kierkegaard critica la incapacidad de Andersen para transformar su propia experiencia en algo de carácter universal, de modo que su relación con sus propias novelas «es tan física, que el llegar a ser de las mismas debe ser considerado no tanto como una producción sino como una amputación»[64]. La causa de tal deficiencia estaría en que Andersen carece de una «visión de la vida» (*Livs—Anskuelse*), juzga Kierkegaard. ¿Pero qué es una visión de la vida? El término puede ser sinónimo de expresiones como «visión de mundo» o «cosmovisión», términos que han hecho una carrera más exitosa. Kierkegaard ocasionalmente los usa como sinónimos, aunque claramente

---

[63] Carlisle, Clare. *Kierkegaard: A Guide for the Perplexed* Continuum, Nueva York, 2006. pág. 15.
[64] SKS 1, 39.

prefiere hablar de visión de la vida en lugar de visión de mundo[65]. En el mismo escrito Kierkegaard la caracteriza del siguiente modo: «una visión de la vida es más que un ideal o una suma de frases cuya abstracta indeterminación permite mantenerlas juntas; es más que la experiencia, que como tal siempre es atómica; es, en efecto, la transubstanciación de la experiencia»[66]. La expresión «transubstanciación», por extraña que parezca en este lugar, permite que aclaremos la posición de Kierkegaard. Pues lo que afirma la doctrina de la transubstanciación es que en la eucaristía la sustancia cambia aunque los accidentes del pan y el vino se mantengan; lo que Kierkegaard, en tanto, está sugiriendo aquí, es que los elementos accidentales de nuestra vida pueden entrar a una obra escrita, pero que la obra no debe armar su sustancia desde dicha experiencia, sino que la sustancia debe cambiar o, por decirlo de otro modo, la obra literaria debe tener sustancia propia, aunque los accidentes estén tomados de la vida del autor. Paradójicamente, es Kierkegaard quien ha sido leído como si en su en su obra no hubiera una «transubstanciación de la experiencia», como si sus obras fueran «amputaciones» de su vida.

Kierkegaard no parece pues estar abogando por una relación tan estrecha entre biografía y obra como muchas veces se ha sugerido. Lo podemos confirmar a partir de *Una recensión literaria*, donde tenemos una enfática confirmación de la distancia que patrocina, una distancia que parece centrada en proteger la intimidad del autor:

> Aquella ley que rige la creación poética es idéntica, en menor escala, a aquella ley que rige la vida social y la educación de cada persona. Cada uno que en forma primitiva experimenta algo, experimenta al mismo tiempo en la idealidad las posibilidades de lo mismo y las posibilidades de lo contrario. Estas posibilidades son la legítima pertenencia poética del individuo. En cambio, no son su personal realidad privada. Su hablar y su producir nacen, en efecto, del silencio. La perfección de su palabra y su producción corresponden al silencio y la expresión

---

[65] Al respecto véase Naugle, David. *Worldview: The History of a Concept* Eerdmans, Grand Rapids, 2002. pág. 75.
[66] SKS 1, 32.

absoluta del silencio es que la idealidad contiene la posibilidad cualitativamente opuesta. Tan pronto como el productivo artista entrega en la obra su propia realidad, su facticidad, deja de ser realmente productivo; su comienzo será su fin y su primera palabra será una traición a la santa modestia de la idealidad. Una creación poética de esa índole viene a ser, desde el punto de vista estético, una especie de habladuría privada que es fácilmente reconocible por la ausencia de equilibrio de los opuestos. Porque la idealidad es el equilibrio de los opuestos. Aquél que, por ejemplo, llegó a ser productivo gracias a la infelicidad, si realmente es devoto a la idealidad, producirá con el mismo amor lo feliz como lo infeliz. Pero el silencio, con el cual protege su propia realidad, es precisamente la condición para ganar la idealidad; de otro modo, a pesar de intentos semejantes a poner la escena en África, etc., acabará por hacer pública su privada y unilateral preferencia. Porque un autor puede tener una personalidad privada como todo otro, pero ésta debe ser su *aduton* [*santuario*]; y tal como se cierra la entrada a una casa poniendo dos soldados con bayonetas cruzadas: así el equilibrio de la idealidad, a través de la cruz dialéctica de los opuestos cualitativos, enseña a mantener cerrada esa puerta y no permitir ninguna entrada[67].

Con este texto podemos dar por confirmado lo ya dicho, pero podemos también precisarlo algo más. Piénsese en una obra como *Temor y temblor*, publicada por el pseudónimo Johannes de Silentio. La reveladora referencia al silencio en el nombre de este pseudónimo bien podemos interpretarla a la luz del pasaje recién citado, y servirá para oponernos a lecturas que, por ejemplo, quisieran presentar *Temor y temblor*, con su interpretación del sacrificio de Isaac, como algo a ser leído a la luz de la relación de Kierkegaard con su padre (un padre sombrío como Abraham que sacrifica a su hijo Søren, etc.). A la luz del pasaje recién citado, una obra de tal naturaleza estaría en realidad violando el silencio para caer en una «habladuría privada». Pero no sólo esa interpretación de dicha obra en particular queda así en entredicho, sino que lo mismo ocurre con

---

[67] SKS 8, 93-94.

toda la idea de que Kierkegaard tuvo una vida infeliz y que por eso escribe obras llenas de angustia, desesperación, temor y temblor. Si es el tipo de escritor que describe en los textos que acabamos de comentar, su condición de hombre atribulado debe ser capaz de pasar por una «transubstanciación» de modo que se use en la propia obra elementos de la propia biografía, siendo sin embargo capaz de producir obras sobre la felicidad tanto como sobre la infelicidad.

Así es como, en efecto, cabe explicar que Kierkegaard llene sus obras de material autobiográfico, y al mismo tiempo se oponga a ser interpretado en términos biográficos. Para que sus obras no sean «amputaciones» de sus personas, habladurías que repitan su propia vida personal, otros autores buscan sólo un cambio de accidente: la historia ya no se narra en Copenhague, sino en África; sin embargo no logran su objetivo, porque la sustancia sigue siendo la misma, una sustancia que nos entrega con otros accidentes el reconocible drama personal del autor. Kierkegaard, en cambio, no traslada la escena a África, ni se abstiene de poner su vida en la obra; lo que hace, por el contrario, es precisamente llenar su obra pseudónima de «accidentes» de su propia vida. Pero lo hace en términos que evitan que lo encontrado en su obra sea la sustancia de su vida personal. Los elementos de su biografía ciertamente están presentes, de un modo masivo, en su obra. Pero lo decisivo es que están ahí «transfigurados». El santuario privado se mantiene a salvo mediante la transformación poética de los accidentes incluidos en la obra.

Una tardía entrada de diario puede ayudarnos aquí a ver cómo ve Kierkegaard este tipo de procesos creativos, y el modo en que los contrasta con lo que ocurre en su interior:

> En las cosas que escribí sobre mí mismo en mis diarios de 1848 y 1849 sin duda hay bastante de creativo. Es difícil evitarlo cuando se es poéticamente tan creativo como lo soy yo. En el momento en que tomo el lápiz, estoy en eso. Curiosamente, en mi ser interior tengo mucha mayor claridad respecto de mí mismo, y soy también más conciso al respecto. Pero tan pronto busco ponerlo por escrito, todo se vuelve un proceso creativo. Es asimismo curioso que no tengo ninguna inclinación a poner por

escrito mis propias impresiones, ideas o expresiones religiosas; me parecen demasiado importantes para eso[68].

Así como en medio de sus tormentos tras la separación con Regine Kierkegaard es capaz de escribir textos que retratan con la mayor felicidad el matrimonio, aquí lo vemos como alguien que siendo sereno, carente de una enredada vida introspectiva, sin embargo produce tales enredos al escribir sobre sí mismo. El autor ha logrado poner las bayonetas cruzadas que nos impiden la entrada a su santuario: nuestra meta puede ser entender los escritos de Kierkegaard, no a Kierkegaard.

Pero todo este proceso de «transubstanciación» implica que si bien la sustancia de la obra no es la vida de Kierkegaard, alguna sustancia debe haber, algún sentido último de toda su producción literaria. ¿Lo hay? Eso es lo que niegan quienes se encuentran en el polo opuesto de la interpretación biográfica, en el conjunto de interpretaciones postmodernas de Kierkegaard. Este género de interpretación se ha vuelto sumamente popular, y eso no nos debiera extrañar: no se trata simplemente de un «signo de los tiempos», sino que Kierkegaard es efectivamente un tipo de autor que con facilidad puede resultar atractivo para quienes de entrada sostienen una posición «deconstruccionista» respecto de la relación entre autor y obra. Ofrezcamos primero una breve caracterización de esa manera de tratar con los textos.

Si pensamos en un libro cuidadosamente planeado por su autor, concebiremos el libro como abierto a cierta comprensión —sea fácil o difícil entenderlo— y en particular pensaremos que aunque nosotros nos confundamos al buscar comrenderlo, al menos para el autor mismo el sentido de su libro resulta evidente: él es autor, y por eso es también autoridad. Lo que pensamos del libro, es asimismo lo que podemos pensar de la realidad completa: ésta es un libro a veces difícil de leer, pero tiene al menos un Autor que es autoridad, que nos puede por tanto orientar en la confusión respecto del «libro de la naturaleza». Para el deconstruccionista podríamos decir que la

---

[68] NB28:54 / SKS 25, 257.

lectura —sea de libros o del resto de la realidad— es un fenómeno bastante más ambiguo, más lleno de grietas, y no hay autor—autoridad al cual preguntar. Eso vale, como decíamos, no sólo para los libros en el sentido usual del término, sino para el libro entero de la realidad; sobre todo, habría que precisar, vale no sólo para los libros de literatura: la filosofía, la teología, también son realidades textuales (y *des—autorizadas* podríamos decir) con su consiguiente pluralidad de sentidos. Con esta sencilla aproximación parece evidente por qué Kierkegaard resulta un autor atractivo para esta corriente: él mismo parece estar, mediante los pseudónimos, cortando el vínculo entre obra y autor; él mismo se apura en afirmar que escribe «sin autoridad». Una vez radicalizada dicha brecha en manos de sus lectores postmodernos, el resultado es que «Kierkegaard escribe texto tras texto sin intentar expresar alguna verdad, sin intentar clarificar nada, sin intentar proponer una determinada doctrina, sin ofrecer algún <sentido> del que el lector se pueda apropiar»[69]. Así lo expone uno de sus más influyentes comentadores postmodernos[70].

Este tipo de lectura ha hecho una carrera prodigiosa, de modo que una porción muy significativa de los que leen a Kierkegaard hoy lo hacen desde este tipo de perspectiva. Desde luego, no cabe aquí hacernos cargo del conjunto de las tesis postmodernas: si a alguien resultan en general plausibles, le resultará también plausible la lectura que hacen de Kierkegaard. Una introducción a la obra de éste no puede, naturalmente, hacerse cargo de los presupuestos de cada corriente que lo estudia. Sí le cabe mostrar que hay una variedad de aproximaciones al mismo y que, por tanto, ni hay que dar apresuradamente por correcta la lectura postmoderna, ni hay que apresurarse demasiado en sacudirse de encima su desafío. Para evaluarlo, debemos partir por ver algo más sobre cómo Kierkegaard mismo presenta su obra.

---

[69] Poole, Roger. *Kierkegaard: The Indirect Communication* Virginia University Press, Charlottesville y Londres, 1993. pág. 7.

[70] Como aproximación a Kierkegaard se trata de una perspectiva sumamente común. Para un panorama representativo véase los estudios contenidos en Matustik, Martin y Merold Westphal (eds.). *Kierkegaard in Post/Modernity* Indiana University Press, Bloomington e Indianapolis, 1995.

3. Hacia una gradual comprensión de sí mismo

Tal como muchos que hoy estudian a Kierkegaard, lo que aquí buscaré es navegar entre los dos extremos recién descritos[71]. Dicho territorio intermedio es por supuesto muy amplio y permite todavía bastante controversia entre quienes se mueven en él. Pero se caracteriza por admitir, por una parte, que hay algún sentido que busca ser transmitido por las obras —también por las firmadas por pseudónimo— y, por otra parte, se caracteriza por afirmar que los juicios de Kierkegaard sobre su propia obra tienen alguna importancia (en ambos casos sigue por supuesto siendo objeto de discusión *cuánto* sentido se encuentra en estas obras y *cuánto* importa el juicio de Kierkegaard sobre las mismas). ¿Debe concederse este último punto, que para entender una obra conviene preguntar a su autor respecto de la misma?

Ya hemos visto la burla del *Postscriptum* respecto de dicha opinión, «como si un autor fuera el mejor intérprete de su obra»… Pero tal juicio viene del pseudónimo de turno, no de Kierkegaard mismo. Él, de hecho, publicó al menos dos intentos de explicación directa del conjunto. Ahora bien, hay que reconocer que tomar conciencia de eso no resuelve la cuestión: no es que los autores postmodernos ignoren las explicaciones directas que Kierkegaard ofrece de sus escritos, sino que también en dichas obras directas encuentran «grietas» que parecen volver ambiguo el proyecto de explicación de sí mismo. En *El punto de vista*, por ejemplo, Kierkegaard afirma que le ha sido necesario engañar: «la obra estética es un engaño, y en eso estriba la más profunda significación del uso de pseudónimos»[72]. Sería un engaño «por amor a la verdad», porque sólo engañando se podría sacar a alquien que está en una ilusión. Pero eso significa que Kierkegaard nos dice algo así como «créanme: yo engaño». Usualmente no se cree a quienes dicen algo como eso; y si no le

---

[71] Véase, por ejemplo, Goold, Patrick. «Reading Kierkegaard: Two Pitfalls And a Strategy For Avoiding Them» en *Faith and Philosophy* 7, 3, 1990.
[72] SKS 16, 35.

creemos lo que nos dice en esta obra, la interpretación unitaria del conjunto de lo escrito por nuestro autor parece perderse[73].

Antes de evaluar cómo es posible creerle, conviene que nos introduzcamos aquí en el conjunto de las cosas dichas por Kierkegaard en estos textos de autopresentación. Son dos, como señalamos, los principales textos en que intenta dar cuenta de modo definitivo de su propio trabajo[74]: *El punto de vista sobre mi obra como escritor* y *Sobre mi obra como escritor*. Como es usual en Kierkegaard, detenerse en los títulos puede ser provechoso. La primera de estas obras ha sido traducida al castellano como *Mi punto de vista*, una traducción que le hace un flaco favor. El título original (*Synspunktet for min Forfatter—Virksomhed*) no habla de «mi», sino de «el» punto de vista. El original contiene además un subtítulo que parece eliminar toda ambigüedad: «una comunicación directa, un informe para la historia» (*En ligefrem Meddelelse, Rapport til Historien*). En este texto, publicado en forma póstuma, Kierkegaard parece entregar la explicación definitiva sobre su labor de escritor. El texto, nunca publicado por Kierkegaard, es una de las autobiografías espirituales más extrañas que hayan sido escritas, y Kierkegaard mismo comienza solicitando que sea leído «como se lee un escrito religioso»[75]. No es necesario seguir en todo a los deconstruccionistas para notar que algo extraño ocurre aquí: subtitular algo como un «informe» y al mismo tiempo pedir que sea leído como «obra religiosa» parece peculiar.

Kierkegaard comienza afirmando que el propósito del libro es explicar «lo que yo como escritor afirmo ser»[76]; y la tesis sostenida a lo largo de todo el escrito es que «soy y he sido un escritor reli-

---

[73] La tal vez más brillante exposición de dicha interpretación es la que se encuentra en Garff, Joakim. «The Eyes of Argus: *The Point of View* and Points of View on Kierkegaard's Work as an Author» en Rée y Chamberlain, *Kierkegaard, A Critical Reader*.

[74] Pero a éstos cabe añadir una serie de piezas menores que tienen el mismo propósito, y que fueron publicadas también de modo póstumo: Véase «El individuo. Dos notas sobre mi actividad como escritor» en SKS 16, 77-106 y «Neutralidad armada» en SKS 16, 107-123.

[75] SKS 16, 11.

[76] SKS 16, 11.

gioso, que la totalidad de mi trabajo como escritor se relaciona con el cristianismo, con la tarea de llegar a ser cristiano, con una polémica directa o indirecta contra la monstruosa ilusión que llamamos cristiandad»[77]. Tenemos aquí un par de elementos que conviene destacar. En primer lugar, la pretensión dc un sentido general que unifica a toda su producción literaria. En segundo lugar, el hecho de que este sentido está expresado tanto positiva como negativamente: se trata tanto del cristianismo y la tarea de llegar a ser cristiano, como de un objetivo polémico, contra la cristiandad. Por último, la tarea —y se puede suponer que tanto la positiva como la negativa— son descritas como algo que se desarrolla de modo directo e indirecto.

Pero el ataque a la cristiandad implica que no se trata de cualquier producción religiosa, sino que «como tal, me importaba 'el individuo' [*den Enkelte*] ('el individuo' en oposición a 'el público'), pensamiento en el que se concentra toda una filosofía de la vida y del mundo»[78]. En la medida en que precisemos la naturaleza de este ataque, entraremos de modo específico al tipo de escritor que es Kierkegaard, a cuál es esa «filosofía de la vida y del mundo». Pues podría tratarse del sencillo predicador que nota el fraude de la cristiandad, y se decide a atacarlo, buscando volver a la gente consciente de que no es cristiana. Kierkegaard menciona este tipo de casos, pero afirma que no logran nada. La causa de su fracaso, según él, es que el predicador en cuestión «no tiene en cuenta el hecho de que una ilusión no es fácil de disipar»[79]. Es la conciencia sobre esa dificultad lo que parece fundar la distinción de Kierkegaard entre comunicación directa e indirecta: «una ilusión no se puede destruir directamente»[80]. Por decirlo de otro modo, quien se encuentra en el autoengaño tiene mil modos de defensa, y considerará un loco al que ponga en duda su condición: «un ataque directo sólo fortalece a una persona en su ilusión»[81]. En lugar de eso, Kierkegaard presenta un conjunto de pseudónimos que desde diversas posturas excéntricas buscan clarifi-

---

[77] SKS 16, 11.
[78] SKS 16, 22.
[79] SKS 16, 25.
[80] SKS 16, 25.
[81] SKS 16, 25.

car en qué consiste el cristianismo y en qué consiste eso de ser un individuo. El resultado es entonces una presentación indirecta, en que se adopta una posición de aprendiz más que de maestro.

Pero decir que uno está adoptando una posición de aprendiz en lugar de maestro es un modo de decir que uno es discípulo de Sócrates. Y Kierkegaard afirma precisamente eso, que «en un sentido formal bien puedo llamar a Sócrates mi maestro, mientras que sólo he creído y creo en uno, Nuestro Señor Jesucristo»[82]. Pero, podría alguien preguntar, ¿por qué precisamente Sócrates? Tal vez la razón se encuentre en la peculiar sabiduría de éste que, como es bien sabido, afirmaba no saber nada. Tal ignorancia la afirmaba en contraste con un mundo en el que todos estaban seguros de saber (los poetas de saber lo que es la belleza, los militares de saber lo que es la valentía, etc.). ¿Qué tiene que ver esto con Kierkegaard? También él vive en un momento en el que existe esa amplia pretensión de saber. Pero no sólo en la cultura en general, sino que en particular en relación al cristianismo: todos saben que son cristianos y todos saben qué es el cristianismo. Algunos pseudónimos de Kierkegaard se sitúan, por tanto, deliberadamente fuera del cristianismo, para desde ahí preguntar por la naturaleza de éste. El método de los pseudónimos no es usado por Sócrates, pero la ironía sí se encuentra en él, y la ironía permite comunicación indirecta. Los pseudónimos son una versión sofisticada de aquello que Sócrates ya hacía, es la versión requerida por la situación de la cristiandad. Y eso es bastante revelador respecto de lo que ocurriría con el legado de Kierkegaard: también respecto de Sócrates los intérpretes se dividen entre quienes creen que en medio de la ironía tiene un mensaje sumamente serio y quienes, en cambio, toman de modo literal su «sólo sé que nada sé»[83]. ¿Cómo no iba a ocurrir lo mismo con los lectores de su discípulo Kierkegaard?

La posición socrática es, pues adoptada producto de un decidido diagnóstico del estado del cristianismo contemporáneo: lo que

---

[82] SKS 16, 36.

[83] Para la alternativa que considera compatible la confesión de ignorancia con la existencia con cierto conocimiento moral relevante véase Gómez—Lobo, Alfonso. *La ética de Sócrates* Andrés Bello, Santiago de Chile, 1999.

estamos leyendo son instrucciones respecto de cómo ser un «misionero a la cristiandad»[84] en lugar de a los paganos. Lo que tal situación requerriría es dejar de lado toda la antigua «ciencia militar, todo lo apologético»[85], para adoptar en cambio la comunicación indirecta. Ésta, entonces, es un método, pero no simplemente una herramienta cualquiera, externa al autor, sino algo que con seguridad modificará también su carácter. Lo hará alguien irónico, lo convertirá en un humorista. Pero también en alguien muy serio[86]. «Llamar la atención sobre lo religioso» o sobre «cómo llegar a ser cristiano» es lo que define como «la categoría de todo mi trabajo como escritor, considerado como una totalidad»[87]; pero «la religión es la seriedad»[88]. En su obra tardía el llamado a romper la ilusión de la cristiandad y volver al culto sencillo a Dios sigue siendo presentado como la aparición de la «verdadera seriedad»[89], a que «vuelva la seriedad y termine el juego»[90]. Esa seriedad no se opone a la ironía o el humor, pues no equivale a un imponerse a las personas. De hecho puede ser un cierto retirarse, un hacer que se den cuenta y luego retirar la presión: Kierkegaard escribe que en contraste con la antigua apologética, el cristiano actual tendría que ser alguien paciente que «se retira tímidamente»[91].

Pero si Kierkegaard suena tan decidido en su comprensión de lo que un autor debe hacer, ¿por qué no publicó la obra? ¿Cómo explicar eso? Para eso se puede dar una explicación sencilla: el tono es más decidido (y resumido) cuando en 1851 publica *Sobre mi obra como escritor*, y lo que eso parece indicar es que en 1848 Kierkegaard había logrado ver con bastante claridad el sentido de su obra, pero tres años más tarde con mayor claridad aún. Esto no tiene nada

---

[84] SKS 16, 29.

[85] SKS 16, 34.

[86] La centralidad de la noción de seriedad ha sido explorada por Theunissen, Michael. *Der Begriff Ernst bei Søren Kierkegaard* Alber Verlag, Friburgo, 1958.

[87] SKS 13, 19.

[88] SKS 13, 17.

[89] SKS 13, 129.

[90] SKS 13, 206.

[91] SKS 16, 26.

de peculiar. Un autor ciertamente suele tener cierta conciencia de lo que está haciendo, pero muchas veces es una conciencia que va adquiriendo gradualmente. El mismo Kierkegaard parece dar a entender modo claro que el avance en la autocomprensión es gradual.

> Ahora tengo claridad respecto de la relación entre la comunicación directa y lo esencialmente cristiano. Por lo mismo ahora soy capaz de ofrecer una interpretación de la comunicación indirecta. Antes esto me resultaba continuamente confuso. Porque para interpretar algo hay que haberlo dejado atrás. Antes seguía confundido respecto de todo esto porque mantenía el vínculo con la comunicación indirecta[92].

No parece caber duda de que Kierkegaard está envuelto en una lucha consigo mismo respecto de cómo interpretar su propia producción, y sobre el papel que le corresponde a él mismo como intérprete de su obra. «Lamento —y me culpo por ello— que en las anotaciones previas de este diario hay intentos por exaltarme a mí mismo. Que Dios me perdone», escribe en una entrada de 1849. Algunas líneas más adelante, añade que no debe decir «nada respecto de mi personalidad como escritor; es una falsedad querer anticipar eso durante la propia vida, es algo que sólo nos convierte en un fenómeno en el mundo»[93]. Pero al mismo tiempo sobreabundan los intentos por hacer precisamente eso, ofrecer una autointerpretación. *El punto de vista* no es entonces algo que por engañoso fuera ocultado, sino un primer paso, muy considerable, en la autocomprensión de Kierkegaard, una autocomprensión a la que se arriba mediante lucha interior, una autocomprensión que pocos años más tarde logra expresar de modo más decidido y resumido en el opúsculo que sí publicó. Si vemos las cosas así, le otorgaremos cierta autoridad a lo que Kierkegaard dice sobre su propia obra, pero reconoceremos también que no todos sus juicios sobre su obra tienen el mismo valor, y no nos extrañarán las tensiones internas de un escrito suyo.

---

[92] NB 7:13 / SKS 21, 83.
[93] NB 11:204 / SKS 22, 127.

Ahora bien, es fundamental notar que cuando Kierkegaard intenta explicarse, lo hace no sólo enfatizando esta condición de «autor religioso», sino también afirmando que el modo de comunicación no es para él algo accidental. Por el contrario, por ser un autor consciente del problema de «la cristiandad», se vuelve «necesario el uso de la comunicación indirecta». Al mismo tiempo, cabe notar que así como a lo largo de su obra el énfasis religioso aumenta, aumenta también la inclinación al discurso directo. El «ataque a la cristiandad» en los últimos años parece así perfectamente integrado en su producción literaria. Pero eso significa que hay un punto en el que Sócrates deja de ser el maestro:

> La comunicación de lo esencialmente cristiano tiene que finalmente terminar en ser «testigo». La mayéutica no puede ser la forma final, porque, entendida cristianamente, la verdad no está en el sujeto (del modo en que lo entendió Sócrates), sino en una revelación que tiene que ser proclamada. Es muy apropiado que dentro de la cristiandad hagamos uso de la mayéutica, pues la mayoría vive en la ilusión de que son cristianos. Pero como el cristianismo sigue siendo el cristianismo, el que usa la mayéutica tiene que acabar volviéndose un testigo. En último término, quien usa la mayéutica se volverá incapaz de asumir toda la responsabilidad. Porque la mayéutica sigue siendo algo enraizado en la sagacidad humana, por muy santificada y dedicada en temor y temblor que esté. Dios se acaba volviendo demasiado poderoso para quien practica la mayéutica, y así es transformado en testigo. Del testigo directo se acaba así diferenciando sólo por aquello que ha tenido que pasar para que llegara a ser testigo[94].

Mi impresión personal es pues que, con todas las dificultades que puede tener, y tomando en serio todos los indicios en sentido contrario, es posible creer a Kierkegaard en su declaración de que su obra tiene un carácter unitario. ¿Qué hacer entonces con la práctica de la pseudonimia?

---

[94] NB 6:68 / SKS 21, 50.

4. El teatro de los pseudónimos

¿Podemos leer las obras que Kierkegaard firma con pseudónimos pretendiendo alcanzar a través de ellas algún conocimiento sobre lo que él piensa? ¿Son serias o son un juego? Antes de responder a eso conviene partir volviéndonos conscientes de lo frecuente que era la práctica de la pseudonimia en su época. La práctica de usar pseudónimos, en Kierkegaard llevada a extremos inusitados, es menos extraña en su siglo que en el nuestro, en el que apenas es usada para asegurar la confidencialidad en los concursos literarios. Kierkegaard está adhiriendo a una práctica común en el movimiento romántico de entonces, y también ampliamente difundida en Dinamarca, una práctica en la que hay más de juego que de intentos por mantener un secreto. Difícilmente se pensará en Kierkegaard como alguien que desea permanecer desconocido como autor. Es más, era usual que, aunque una obra fuese pseudónima, se supiera en general quién es su autor —no obstante lo cual podía ser una grave falta de cortesía revelarlo.

Kierkegaard toma esta práctica con suma seriedad, y hay de ello ejemplos que parecen rayar en lo absurdo. Considérese, por ejemplo, las siguientes palabras de Goldschmidt, el escritor que ridiculizaba a Kierkegaard en el diario satírico *El Corsario*:

> Había algo impersonal en la atmósfera de la disputa, en el hecho de que el nombre de Kierkegaard nunca fuera pronunciado. Él mismo escribía en forma anónima, y era atacado bajo alguno de los nombres por él inventados. De este modo él era incapaz de emerger de la ficción con la que había envuelto nuestras conversaciones, y cuando nos encontrábamos —lo que ahora rara vez sucedía— era con la misma cortesía que antes, pero ni él ni yo manifestábamos interés en conversar. Pero entonces él se identificaba públicamente como Víctor Eremita, Frater Taciturnus, etc.[95]

---

[95] Las memorias completas de Goldschmidt se encuentran en Kirmmse, Bruce. *Encounters with Kierkegaard. A Life as Seen by His Contemporaries* Princeton University Press, Princeton, 1996. pág. 75.

¿Qué hacemos entonces los que, a diferencia de Goldschmidt, sí tenemos interés en mantener viva la conversación con Kierkegaard? ¿Qué sentido podemos encontrar en su uso de pseudónimos? En 1834, en una de sus más tempranas anotaciones personales, Kierkegaard utiliza una imagen que tal vez nos ayude a comprender por qué busca iluminar la realidad mediante estas variadas voces. Ahí Kierkegaard hace notar que sólo es posible percibir una luz mediante otra luz, pues si en medio de la completa oscuridad percibimos una luz, si bien veremos algo, no podremos decir nada respecto de su posición en el mundo[96]. La observación es aguda: si bien en la oscuridad la luz salta tanto más a la vista, la oscuridad es una condición que no nos permite determinar proporciones espaciales. Para eso requerimos de una segunda luz en el mismo espacio oscuro, con ella sí podemos decir algo respecto de dónde se encuentra cada una de ellas. De modo análogo, podemos pensar en los pseudónimos como luces que por sí solas no sólo no cubren toda la realidad, sino que ni siquiera nos dejan ver bien dónde se encuentran. Para eso se requiere el conjunto de las voces pseudónimas.

A eso se puede añadir varias otras explicaciones. A veces se intenta explicar el sentido de los pseudónimos desde un aforismo de Lichtenberg que Kierkegaard cita en una ocasión, aforismo según el cual hay obras que son como espejos: «si un mono mira hacia dentro, no será un apóstol el que mire hacia fuera»[97]. La idea sería entonces que uno vea retratados ciertos géneros de vida —como el del seductor—, se horrorice al reconocerse a uno mismo en ellos, y se vea por tanto conmovido de un modo que no habría ocurrido por una amonestación directa. Esta explicación tal vez puede volvernos comprensible el uso de ciertos pseudónimos, pero no de todos. Pues hay obras en las que, por ejemplo, hay discusión directa, amonestación de un pseudónimo a otro. En otros casos se explica la pseudonimia diciendo que Kierkegaard quiere dejarnos solos ante los argumentos, que no quiere interferir con su autoridad, no dejar que creamos en algo «porque lo dice Kierkegaard»; antes bien —como

---

[96] Papir 31.
[97] SKS 6, 16. La cita es de *G.C. Lichtenbergs vermischte Schriften* Göttingen, 1800-06, vol. 3, pág. 479.

ya vimos— preferiría retirarse tímidamente. Eso es cierto, pero no es una explicación de los pseudónimos: también las obras que llevan su propio nombre son explícitamente descritas en la primera página como escritas «sin autoridad».

Tal vez la cuestión puede ser iluminada de un modo más eficaz por la figura de un teatro (y Kierkegaard era un adicto al teatro): Kierkegaard ha creado, podríamos decir, una serie de personajes que también son autores. Cada uno de estos autores ha escrito su propia obra. Es decir, tenemos una versión en gran escala de lo que en un drama normal sería el monólogo de cada personaje. Tal como en otras obras teatrales, sería un craso error tomar las palabras de cada personaje como si fueran testimonios de lo que piensa el autor: Hamlet no es Shakespeare. En ese sentido los llamados de Kierkegaard a que no lo confundamos con sus pseudónimos deben ser tomados muy en serio. Al mismo tiempo, depende mucho del tipo de autor el grado en que sus personajes efectivamente revelen algo de lo que piensa su autor. En algunos casos hay personajes que se identifican muy claramente con el autor, mientras que el resto se encuentra en una posición más bien indiferente respecto del mismo; pero incluso el personaje que usualmente se identifica con el autor, puede en algún momento distanciarse del mismo.

Si éste es un buen modelo para entender a Kierkegaard, significa que también es posible establecer algo así como una jerarquía de pseudónimos. Como los personajes de un drama respecto de su autor, algunos pseudónimos están más cerca de Kierkegaard que otros. Algunos están muy por debajo de él, otros por encima. Y sobre todo, los pseudónimos se encontrarán en tipos distintos de relación respecto del cristianismo: algunos cerca y otros lejos, y algunos aunque lejos entenderán el cristianismo mejor que el grueso de los cristianos. Mi impresión es que ese tipo de jerarquización de los distintos pseudónimos es posible. Con eso desde luego no insinúo que sea fácil ni que obtengamos por resultado una clasificación muy nítida. Pero sí aproximaciones que ayudan bastante a nuestra lectura y que en términos generales me parecen más satisfactorias que las otras alternativas.

Kierkegaard mismo ofrece más de una vez indicios respecto de la naturaleza de dichos pseudónimos, y en ocasiones también explicaciones abiertas. Así, al reflexionar respecto de cómo publicará sus obras *Ejercitación del cristianismo* y *La enfermedad mortal*, escribe que «el pseudónimo es Johannes Anti—Climacus, en contraste con Climacus, quien dice no ser cristiano. Anticlimacus es el extremo opuesto, un cristiano de nivel extraordinario»[98]. Ambos se ubican pues en una perspectiva distinta de la de Kierkegaard. Climacus es un humorista que se encuentra fuera del cristianismo, aunque lo comprende mejor que los cristianos. Presenta el ideal desde fuera, sin llegar a identificarse con el mismo. Anti—Climacus, en cambio, «a ratos parece creer que el cristianismo sólo es para genios, en un sentido no intelectual del término»[99], es decir, para personas excepcionales. Con este pseudónimo, entonces, Kierkegaard está presentando el ideal cristiano del modo más exigente, pero desde un comienzo con claridad también respecto de los riesgos implicados en tal tarea (tal como hay riesgos en la estrategia mayéutica de Climacus). Respecto de sí mismo, Kierkegaard sentencia en términos muy sencillos que «me ubicaría por encima de Johannes Climacus y por debajo de Anti—Climacus»[100]. Desde luego no siempre encontraremos de parte de Kierkegaard ayuda tan explícita como ésta para dar con el lugar de un pseudónimo. Pero la afirmación de que él se encuentra entre estos dos ya es suficientemente clara respecto del hecho de que él adhiere a una determinada posición. No estamos entonces ante un acertijo indescifrable. Con ese punto de partida intentaremos a continuación dirigir la mirada a las obras pseudónimas.

---

[98] NB 11:204 / SKS 22, 127.
[99] NB 11:209 / SKS 22, 130.
[100] NB 11:209 / SKS 22, 130.

La producción pseudónima

Tras lo que podría parecer una interminable introducción, entramos ahora finalmente a la revisión de las obras pseudónimas. Lo haremos siguiendo cuatro obras fundamentales: *O lo uno o lo otro*, *Temor y temblor*, los escritos de Johannes Climacus (parte de las *Migajas* y del *Postscriptum*) y, finalmente, *La enfermedad mortal*. Si bien esto implica dejar algunos de los escritos de Kierkegaard sin discutir, permite enfrentarnos a pseudónimos que representan visiones significativamente variadas de la existencia. Ya hemos visto el contraste que el mismo Kierkegaard hace entre Climacus y Anti—Climacus, y aquí podremos confirmar cuán verdadera parece la afirmación de Kierkegaard según la cual cada pseudónimo tiene su propia visión de mundo. Al mismo tiempo, podremos ver que aunque se tome en serio esa variedad de perspectivas, es perfectamente posible sacar de la obra de Kierkegaard un mensaje consistente, aunque no sea tan unidireccional como uno podría sospechar si sólo leyera la descripción que Kierkegaard hace de su obra en textos como *El punto de vista*.

Por otra parte, se trata de un conjunto de obras que nos permiten una aproximación a cada uno de los estereotipos que circulan respecto de Kierkegaard, según muchos un autor irracionalista o fideísta, según otros alguna especie de amoralista, y según otros un temprano existencialista cuya denuncia de la inautenticidad de la masa validaría cualquier cosa que sea fruto de la «decisión» de un «individuo» que esté en «angustia». Considérese, por ejemplo, *O lo uno o lo otro*. Aquí encontramos un primer esbozo del tipo de decisión que a muchos suena como paradigmática del existencialismo: «sólo quiero llevarte al punto en el que esa elección en verdad cobre sentido para ti. De eso se trata todo. Si se lleva al hombre a la bifurcación en la que no le queda sino elegir, elige lo correcto»[101]. Una elección, aunque carezca de todo fundamento racional, parecería estar autojustificada por el solo hecho de ser una elección. De hecho, el mismo título de la obra parece invitar a eso, a una decisión radical, que así configure un modo auténtico de existencia individual. Una de las cosas que estaremos intentando elucidar es en qué sentido deba entenderse esto en la obra de Kierkegaard. Pero de modo paralelo, la entrada en esta obra nos introducirá a una de las más características ideas kierkegaardianas, la idea de que son fundamentalmente tres los «estadios de existencia» en que puede vivir el hombre. Intentaremos, pues, en cada una de las secciones que siguen no sólo remover algunas de las etiquetas que han estrechado la recepción de su pensamiento, sino también «abrir» sus obras, en el sentido de indicar cuáles son las ideas fundamentales que transmiten y los caminos que tal vez abren a continuada reflexión. Ocasionalmente, por supuesto, esto implicará dejar la exposición obra por obra, y detenernos a explorar un tópico desde el conjunto de ellas.

1. «*O lo uno o lo otro*»

Según un posterior testimonio de Kierkegaard, la redacción de *O lo uno o lo otro* le tomó nada más que once meses. En lo que se refiere a la redacción final, se trata de una declaración veraz. Pero al mismo tiempo conviene notar que eso era la elaboración final de materiales que Kierkegaard en parte había trabajado por años. El resultado es una de sus más geniales obras, y la única de la que en vida le tocó presenciar una segunda edición. El pseudónimo, Víctor Eremita (que significa algo así como «el que triunfa en la soledad»), nos recuerda que en buena medida se trata de un producto de la ruptura de su noviazgo. Tras dicha ruptura Kierkegaard se dirige a Berlín, donde en parte visita clases de Schelling, pero principalmente se dedica a la redacción de esta voluminosa obra. En este caso, además, el pseudónimo ni siquiera hace su aparición como autor de la misma, sino como editor. Esto no debiera sorprender, pues en realidad la obra no

---

[101] SKS 3, 164.

representa una cosmovisión —como para tener *un* autor—, sino dos. Se trata, en efecto, de dos visiones alternativas del sentido de la vida, representadas por los papeles de «A» y de «B», cuyo editor es Víctor Eremita. La primera sección, los papeles de «A», incluye un conjunto de textos que representan una visión estética de la vida. Los papeles de «B», en tanto, introducen a la vida ética. Dicha introducción cobra la forma de dos extensas cartas, que invitan a su amigo «A» a este género de vida. La obra cierra, finalmente, con un sermón adjuntado por «B», cuyo título reza «acerca de lo edificante que hay en el pensamiento de que ante Dios estamos siempre en falta».

Con eso tenemos una primera perspectiva de la obra, y al mismo tiempo una brevísima introducción a la idea de ciertos modos o estadios de existencia: uno estético, uno ético y otro religioso. Pero cabe notar que aquí la existencia de lo religioso está solo insinuada. La obra nos presenta una elección entre dos polos, uno estético y otro ético. Antes de intentar adquirir una perspectiva algo más sistemática de esta idea de tres estadios de existencia, podemos dirigir la mirada a algunas secciones de *O lo uno o lo otro*, que nos sugerirán el tipo de fenómenos que están en cuestión. Pues en esta obra, a diferencia del *Postscriptum*, no encontramos una explicación sistemática de estos estadios, sino sólo la presentación de figuras que los representan. Sobre todo su primera mitad es un texto riquísimo en alusiones y ejercicios literarios. Ya desde sus más tempranos diarios habían sido figuras literarias, como Fausto, las que habían llevado a Kierkegaard a comenzar a trabajar con estas ideas, y eso es lo que aquí está siendo presentado como producto final.

La obra empieza con una pieza titulada *Diapsálmata*, consistente en un extenso conjunto de aforismos. No siendo un estudio estético sistemático, estos aforismos parecen más bien contribuir a algo así como crear un ambiente para toda la obra: muestran ingenio, cierto conocimiento de la vanidad de la vida —«si te casas, te arrepentirás; si no te casas, te arrepentirás»[102]—, goce desenfrenado, pero también capacidad de gozarse en la miseria. Representativo es un aforismo como el siguiente: «Yo digo de mi pena lo que el in-

---

[102] SKS 2, 47.

glés dice de su casa: mi pena *is my castle*. Muchos consideran que tener pena es una de las comodidades de la vida»[103]. La alternativa no es aquí entre goce y pena: el esteta es capaz de unirlas, pero de un modo que lo deja precisamente encerrado, *in my castle*. El último de los textos en los papeles de «A», en tanto, es el célebre *Diario del seductor*, donde una vez más encontramos a alguien hiperreflexivo, un seductor que más que gozarse en la seducción se goza en la posibilidad de la misma, en la ingeniería de la seducción.

Pero aquí dirigiremos la mirada a los textos que se encuentran entre los *Diapsálmata* y este *Diario*. Algunos de ellos fueron anteriormente reunidos en una traducción española bajo el título de *Estudios Estéticos*[104], un título que, al margen de la aberrante publicación fragmentaria, parece muy adecuado: son estudios de «A» sobre piezas musicales y literarias. Se tiene pues en ellos un tono más directo que el juego que parece caracterizar a los aforismos contenidos en *Diapsálmata*. No obstante, tampoco de éstos textos ha de esperarse una abierta exposición de lo característico de la vida estética. Tal grado de autoreflexión no se encuentra sino hasta el comienzo de los papeles de «B». Recién ahí es planteada, de hecho, la alternativa entre dos géneros de vida distintos. En los papeles de «A» el autor está, en cambio, siempre fuera de sí mismo, absorto en alguno de sus objetos o en sí mismo como objeto. Uno de dichos textos, *Los estadios eróticos inmediatos*, nos bastará aquí para captar algunas características de estos escritos y notar algunos rasgos propios de la vida estética. Antes de dirigirnos al contenido de dicho texto, uno puede ya adentrarse en su espíritu viendo a su autor declamar durante páginas sobre el carácter insuperable del Don Juan de Mozart, declamación que termina con el siguiente comentario: «Esto sólo ha sido escrito para enamorados. Y ya se sabe que, así como los niños se alegran con poco, son con frecuencia cosas muy extrañas las que alegran a los enamorados. Esto es como una violenta discusión amorosa acerca de nada que, sin embargo, tiene su valor… para los enamorados»[105]. Palabras como ésas

---

[103] SKS 2, 30.
[104] *Estudios Estéticos* (2 vols.) Guadarrama, Madrid, 1969.
[105] SKS 2, 65.

sirven para poner el tono: no hay un contenido definido al que se esté adhiriendo, todo es arrebato violento; baste con contrastar estas palabras con el tono de las cartas de «B» y se tendrá una primera introducción al contraste entre las dos visiones de la vida.

Si pasamos al contenido de este texto, el *Don Juan* de Mozart es elogiado por «A» como un clásico por unirse en él el grado máximo de «genialidad sensual» con el medio que le parece más propio para expresar ese tipo de genialidad: la música. Esta «genialidad sensual» estaría caracterizada por «una fuerza, un clima, la impaciencia, la pasión»[106], y ésas son cosas que no pueden ser adecuadamente transmitidas por otro medio que la música, pues a través de otros medios adquirirían un carácter demasiado determinado. La música permite, en cambio, mantener la indeterminación (en tal indeterminación no resulta, por ejemplo, tan ridículo que hayan sido más de mil las mujeres seducidas por don Juan). Tal indeterminación se da porque la música «comporta un elemento temporal, pero sólo en sentido impropio transcurre en el tiempo»; si la genialidad sensual fuese puesta en palabras, padecería una fijación, una determinación que la sacaría de su «inmediatez»[107]. Esta aproximación nos sirve para iniciar la caracterización del estadio estético. Precisamente «inmediatez» es uno de los rasgos característicos de la vida estética. En el *Diario del seductor* el protagonista afirma que dicha inmediatez es lo único que él busca. Lo contrario de la inmediatez es la mediación, y son distintos los tipos de mediación en que uno puede pensar como salida de lo inmediato, de lo simplemente dado. Pero el esteta va de una inmediatez a otra, precisamente como una fuerza que busca el siguiente punto de interés. Ésa es, en efecto, otra categoría adecuada para describirlo: el esteta es quien busca «lo interesante». Si mediación es lo opuesto de la inmediatez, lo opuesto de «lo interesante» es lo aburrido. Es del aburrimiento que a toda cosa busca huir el esteta. Un caso paradigmático de un esteta es el de un emperador romano que lo tiene todo y no sabe qué hacer con su tiempo para no aburrirse: en medio de su decadente búsqueda de

---

[106] SKS 2, 64.
[107] SKS 2, 64.

goce, la distracción puede tomar tanto la forma del cultivo de la música como la forma del incendio de la ciudad[108]. Así, no ha de extrañar que, como hemos visto, incluso la pena pueda ser un adecuado refugio. Con lo estético se cubre pues un amplio espectro, desde el gozador al melancólico. El esteta no es, entonces, el superficial, tampoco necesariamente el genio en el campo de la seducción —aunque éste sea uno de los principales representantes de la vida estética—, sino que puede haber también una vida estética en el campo de la reflexión. «Don Juan es pues la expresión de lo demoníaco determinado como lo sensual, Fausto es la expresión de lo demoníaco determinado como lo espiritual»[109].

Como hemos mencionado, se encuentra una respuesta a esta concepción de la vida en los papeles de «B», que transmiten una visión ética de la vida. De hecho, recién al entrar a los papeles de «B» ve uno que existe la alternativa: los papeles de «A» no son una defensa de la vida estética contra la vida ética, sino que precisamente una ilustración de la vida sin consideración por tal alternativa. El título se lo da a la obra la segunda parte. Su autor se diferencia además de «A» incluso en el estilo: definitivamente no tiene pretensión de genio. «Tú sabes que nunca me he hecho pasar por filósofo», le escribe a su amigo, «no he sacrificado mi vida por el arte y la ciencia»[110]. Significativamente, quien figura como autor de estos textos es un juez, y un juez casado. Es lo primero que afirma tras decir que no es filósofo, artista ni científico: «me presento como un esposo»[111]. De este modo, rasgos importantes de cómo es presentada aquí la vida ética ya salen a la luz. Un juez es alguien que decide. No es alguien que siempre decide bien, pero es alguien para quien las categorías de buena y mala elección sí han pasado a desempeñar un papel configurador de su vida. El esteta no tiene eso. No es que el esteta elija mal, sino que intenta vivir fuera del binomio bien—mal. El juez lo explica así:

---

[108] SKS 2 179-183.
[109] SKS 2, 95.
[110] SKS 3, 166.
[111] SKS 3, 166.

Qué es, pues, lo que separo con mi <o… o…>? ¿El bien y el mal? No, sólo quiero llevarte al punto en el que esa elección en verdad cobre sentido para ti. De eso se trata todo. Si se lleva al hombre a la bifurcación en la que no le queda sino elegir, elige lo correcto […] O bien uno va a vivir de manera estética, o bien de manera ética. Aquí, como hemos dicho, no se trata de una elección en el sentido más estricto de la expresión, pues el que vive de manera estética no elige[112].

El hecho de que el pseudónimo sea un hombre casado es no menos relevante. No en el sentido de que la soltería represente una mala elección y el matrimonio una buena elección, sino en el sentido de que el matrimonio representa un rasgo fundamental de cómo nos es presentada aquí la vida ética: la vida matrimonial representa la entrada en la continuidad. Es, en ese sentido, la oposición total a la inmediatez: «¿qué es vivir de manera estética, y qué es vivir de manera ética? ¿Qué es en el hombre lo estético y qué lo ético? A esto responderé que lo estético en un hombre es aquello que él inmediatamente es; lo ético es aquello a través de lo cual llega a ser lo que llega a ser»[113]. La vida ética es presentada como una de continuidad, de crecimiento. Así, también la concepción de la belleza que había en la vida estética se ve transformada: el juez rechaza, por ejemplo, como un «agravio a la amada» que se hable del primer beso como el más bello[114]. En contraste con el violento enamoramiento que vimos descrito en las primeras páginas de *Los estadios eróticos inmediatos*, para el juez el amor conyugal tiene «su enemigo en el tiempo, su victoria en el tiempo, su eternidad en el tiempo»; lo que el esteta denosta bajo el título de «costumbre» es «lo que el matrimonio tiene de histórico»[115]. Esta entrada en lo histórico puede también ser descrita como una entrada en lo real. Rara vez se repara en este aspecto de la caracterización kierkegaardiana de la vida ética: ésta puede caracterizarse como una de aumento de la realidad, y en eso el ma-

---

[112] SKS 3, 164-5.
[113] SKS 2 173-174
[114] SKS 3, 126.
[115] SKS 3, 138.

trimonio —por su contraposición al espíritu de ensoñación del noviazgo— es una vez más una instancia iluminadora de la vida ética. Una mujer joven, escribe el juez Guillermo en los *Estadios en el camino de la vida*, es como un fantasma, uno ni siquiera sabe si realmente pertenece a la realidad o si sólo es una visión; «como madre pertenece, en cambio, de modo cabal a la realidad»[116].

Ahora bien, conviene detenernos e intentar tomar conciencia de cómo estos dos polos de la vida moral, la continuidad del matrimonio y el llamado del juez a la elección entre bien y mal, se complementan. La vida moral está aquí siendo retratada por el doble componente de elección y continuidad, y eso arroja significativa luz sobre cómo debe ser entendida la elección. Resulta palpable que lo que está siendo exaltado no es el caso de elecciones arbitrarias o simplemente extravagantes; no se está diciendo que la elección sola, que la simple decisión sincera, constituya algo que nos vuelve auténticos. Lejos de un simple «decisionismo», lejos de las interpretaciones que acercan a Kierkegaard a las variantes más toscas del «existencialismo», los papeles de «B» parecen incluso estar introduciéndonos en una clásica tradición del cultivo de la virtud[117]. Pues desde los comienzo de tal tradición uno encuentra combinado este doble componente, la elección y la continuidad. Para verlo así baste con pensar en la caracterización aristotélica de la virtud como hábito electivo, un hábito que llega en el hombre a formar una «segunda naturaleza». El esteta descrito por Kierkegaard, en cambio, proclama que ama a «la naturaleza, no la segunda naturaleza»[118]. Si ésa es la posición de «A», la verdad es que la posición de «B» parece un tipo de ética bastante cercana a la aristotélica (como expresamente lo concede al final de su carta, contrastando su posición con la kantiana)[119]. Es verdad

---

[116] SKS 6, 127.

[117] Para esta perspectiva puede verse Roberts, Robert C. «Existence, Emotion and Character: Classical Themes in Kierkegaard» en Alastair Hannay y Gordon Marino (eds.) *Cambridge Companion to Kierkegaard* Cambridge University Press, Cambridge, 1997.

[118] SKS 3, 125

[119] SKS 3, 304.

que el juez no se centra en términos como «hábito», «virtud» o «segunda naturaleza», pero sí hay una defensa del valor de la costumbre, una defensa que por lo demás, por su énfasis en el valor de la continuidad, parece entroncar bien con el énfasis de parte de la filosofía de hoy en el carácter narrativo de la vida: la vida moral aparece aquí como una que pueda ser base de un relato, en contraste con el conjunto de escenas desvinculadas que caracterizan a la vida estética[120].

Una vez que hemos comprendido esto, conviene repasar lo dicho inicialmente. Pues al introducir la cuestión decíamos que la vida ética se caracteriza por la decisión entre el bien y el mal, mientras que la vida estética no debe ser caracterizada por la elección del mal, sino por su vida fuera de estas categorías. Pero una vez que se ha conocido lo ético, una vez que se ha sido confrontado por ello, casi se puede decir que el esteta ha perdido la inocencia (aunque el esteta siempre haya sido cualquier cosa menos un inocente). Una vez confrontado, el que sigue en la vida estética en realidad ya ha elegido el mal: «el que vive de manera estética no elige, y el que elige lo estético después de que le ha sido mostrado lo ético, no vive de manera estética, sino que es un pecador y se encuentra bajo determinaciones éticas, por más que su vida deba caracterizarse como amoral»[121]. Con eso se ha introducido una categoría teológica: dicho esteta es un pecador. Pero ¿acaso no lo es también el que se ha insertado en la vida ética? Conviene terminar la revisión de esta obra recordando que acaba con una suerte de apéndice, un «Ultimátum», consistente en un sermón dedicado a lo edificante que es el pensamiento de que ante Dios estamos siempre en falta. Si bien la alternativa puesta en el título de la obra sólo abarca dos alternativas, queda así insinuado al final de la obra que hay algo más, una vida religiosa que muestra como insuficiente también el estadio ético. Pasemos pues a revisar con más detención la triple partición que está detrás.

---

[120] Para una buena lectura de Kierkegaard en esos términos véase Tietjen, Mark. «Kierkegaard and the Classical Virtue Tradition» en *Faith and Philosophy* 27, 2, 2010.
[121] SKS 3, 165.

2. Los tres estadios

Estadios, no etapas

Una breve mirada a *O lo uno o lo otro* nos ha permitido una primera familiarización con la idea de ciertos estadios de existencia. Este esquema de tres estadios de existencia, uno estético, otro ético y otro religioso, es una de las ideas más características de Kierkegaard, y conviene que al margen de la discusión de una obra individual nos detengamos a intentar comprender el sentido de esta tripartición. Pues son varias las preguntas que uno puede hacerse al respecto: qué significa la noción de «estadios», si acaso hay algún tipo de «territorio intermedio» entre ellos, cómo se da el paso de uno a otro, etc.

Podemos partir por señalar que, por frecuente que sea la asociación de esta tripartición con el nombre de Kierkegaard, tampoco esto ha de ser visto como su «sistema». Tal como con el resto de sus ideas cardinales, su obra es también respecto de los tres estadios un semillero de ideas que pueden ser recogidas y que son susceptibles de cierta organización; pero son pocos los lugares en que él mismo ofrece definiciones o explicaciones sistemáticas. Partamos, pues, por preguntarnos qué son los estadios. Si se piensa en el siglo de Kierkegaard, no era poco frecuente que fuese la historia universal la dividida en diversos estadios de desarrollo (piénsese en autores como Comte). Pero de todos los usos posibles del término, éste debe ser sin duda el más alejado de Kierkegaard, autor ajeno a cualquier concepción de progreso histórico. También podría pensarse en términos de desarrollo personal de un autor, de modo que los estadios representen etapas sucesivas de desarrollo de cada vida humana. Pero si bien esto es más plausible que lo anterior, los textos autobiográficos de Kierkegaard son enfáticos en la interpretación contraria: lo que Kierkegaard quiere evitar en textos como *El punto de vista* es precisamente la idea de que poco a poco fue pasando de joven esteta a adulto religioso. Eso se opone a su convicción de haber sido desde un comienzo un autor religioso. Más bien, de lo que estamos hablando es de tipos de personalidad o, mejor, formas de existencia. No son, pues, «etapas» (cuestión que hay que tener en mente incluso al traducir los títulos de sus obras, de modo que *Stadier paa Livets Vei* no se transforme —como lo hizo— en *Etapas en el camino de la vida*). Ocasionalmente, en efecto, Kierkegaard habla no de «estadios», sino de «esferas». Pero una vez que planteamos la cuestión así, surge por supuesto una pregunta que no aparecía antes: mientras que uno piense en etapas de desarrollo, se tendrá en mente transiciones graduales, paso a paso, con distintas alternativas de mediación; pero si hablamos de modos de existencia, la idea de transiciones graduales al menos pierde su carácter necesario: podría tratarse de «saltos» de una esfera a otra. Eso, a su vez, plantea preguntas respecto de cómo cada etapa es capaz o no de incluir elementos significativos de la otra. Es decir, si la vida ética se separa por un salto de la estética, ¿es capaz de incluir goces estéticos? Si la vida religiosa implica un salto desde la mera vida ética, ¿cómo queda reintegrada la moralidad en esa nueva forma de existencia? Abordaremos dichas preguntas tras considerar brevemente cada estadio.

El estadio estético

Las preguntas recién planteadas requieren que volvamos a abordar la caracterización de cada estadio. Si partimos por el estadio estético, tenemos desde luego que distinguirlo de las actividades estéticas en general. La raíz del término «estética» en el griego *aísthesis* (percepción, sensación) nos permitirá hacerlo. Calificamos de «estética», por ejemplo, a un curso de teoría del arte; o admiramos el gusto estético de alguien, con lo cual estamos diciendo algo así como que su percepción es más fina. Pero Kierkegaard está sugiriendo que al margen de la dimensión estética que puede tener toda vida humana, existe una forma estética de existencia. Con eso no se refiere a alguien que dedica su vida al arte, sino a alguien que carece de distancia respecto de lo dado a su percepción. Por eso, porque no tiene distancia alguna respecto de lo que siente o percibe, hemos ya caracterizado la vida estética en torno a la noción de inmediatez.

Pero podemos también intentar caracterizar este género de vida desde el polo opuesto: en lugar de preguntar por lo que caracteriza a la vida estética, podemos preguntar de qué está huyendo el esteta. Y en los papeles de «B» encontramos una respuesta que ya hemos mencionado. Ahí el juez sugiere que uno de los modelos de vida estética puede ser un emperador romano. Éste ya tiene todo lo que pudiera desear. Su problema no es que viva en el goce de estos bienes, sino en cierto sentido el opuesto: que no es capaz de gozarse en eso, sino que vive en la reflexión sobre la posibilidad, sobre lo que podría tener en lugar de lo que tiene. Y aquello que más lo fastidia en lo que tiene es el aburrimiento. De lo que huye el esteta es del aburrimiento, y eso significa que lo que el esteta busca es algo que podemos caracterizar como «lo interesante». Con esta categoría en mente, queda claro que no es la superficialidad lo característico de la vida estética. No es la superficialidad en cuanto distinta de la profundidad. Como ya hemos visto, el análisis existencial de Kierkegaard está apuntando también a revelar muchas de las formas de existencia que consideraríamos profundas como estéticas; los personajes estéticos pueden ser extremadamente profundos: grandes melancólicos o grandes desesperados. En algunos casos podrá ser la insatisfacción causada por la pura inmediatez sensual la que lleve a placeres sucedáneos, como el gozarse en la propia tragedia. Como formas típicas de esta vida estética hemos mencionado las figuras de don Juan y Fausto, y conviene recalcar que si bien el hedonista es un esteta, la vida estética está lejos de agotarse en el hedonismo.

Para reforzar dicho punto volvamos a los papeles de «A», quien en un texto titulado «La rotación de los cultivos» nos ofrece una buena caracterización de la búsqueda de «lo interesante» como lo típicamente estético. Según declara al comenzar este ensayo, el aburrimiento es la raíz de todos los males. Todo el ensayo trata respecto de cómo huir del mismo. Pero el temor expresado en este texto es que la gente lidie con el aburrimiento de un modo demasiado vulgar, como quien

> se aburre del campo y viaja a la capital; se aburre de su país natal y viaja al extranjero; está *europamüde* [cansado de Europa] y viaja a América, etc. Así uno acaba entregado a la esperanza de un viaje sin fin de estrella en estrella. El movimiento puede ser distinto a éste, pero seguirá siendo extensivo. Uno se aburre de comer en vajilla de porcelana y lo hace en vajilla de plata;

otro se aburre de comer en vajilla de oro y quema la mitad de Roma para contemplar el incendio de Troya[122].

Este recién descrito recorrido es el que recorrería un esteta vulgar. Porque así se encuentra en realidad determinado por el suceso exterior, en lugar de artísticamente aprender a hacer «rotación de cultivos» sin que ocurra nada nuevo. Para evitar el aburrimiento sin tener que recurrir a esa suerte de cambios externos, «A» afirma que la clave está en la arbitrariedad. Lo que debo hacer, entonces, no es saltar aburrido de una novela a otra, sino gozar leyendo arbitrariamente una parte cualquiera de la novela, sin seguir el orden de la misma. El que lee sólo la tercera parte de un libro le arrebata mediante dicha arbitrariedad al autor el plan dispuesto por éste, «uno convierte algo trivial en absoluto y, en cuanto tal, en objeto de admiración absoluta»[123]. El esteta es, por decirlo así, alguien que ha aprendido el arte de hacer *zapping* con la realidad completa.

El estadio ético

En contraste con lo anterior, la vida ética parece ser una que es capaz precisamente de transformar lo que parecía aburrido, en lugar de huir de ello hacia lo interesante, en lugar de abordar lo común de un modo arbitrario. Al hacerlo, pasa a adquirir continuidad. Las cuatro cosas más enfáticamente rechazadas por «A» en *La rotación de los cultivos* son la capacidad de admiración, la amistad, el matrimonio y los cargos públicos — pareciera entonces que con tal de saber moverse en ese campo, se tiene una vida ética. Esto parece sugerir que la vida ética es más fácil de caracterizar que la vida estética. Ésta ha tenido que ser ilustrada mediante una variedad de figuras, pues parece desplegarse en un abanico mucho más grande de posibilidades; esa diversidad de lo estético puede ser descrita negativamente como fragmentación, o bien se puede describir positivamente como algo variopinto —pero en cualquier caso salta a la vista el contraste con la uniformidad de los papeles de «B» que describen

---

[122] SKS 2, 281.
[123] SKS 2, 288.

la vida ética. Con todo, esta apariencia es engañosa: hay una peculiar dificultad en describir bien el estadio ético. Tal dificultad radica en que si bien los distintos pseudónimos parecen ofrecer una descripción similar de la vida estética, ofrecen descripciones en muchos casos discordantes de la vida ética. ¿Es posibe entonces saber qué entiende Kierkegaard por ética?

Tales descripciones discordantes dependen del modo en que cada pseudónimo concibe la relación entre la vida ética y la religiosa. Así, podemos decir que algunos pseudónimos presentan la vida ética como una vida convencional, como una vida de apego a lo universalmente dado, pero al mismo tiempo como una vida muy distinta de la esencialmente religiosa. Así ocurre, por ejemplo, en *Temor y temblor*, donde Abraham lleva una vida religiosa, pero que por lo mismo es totalmente excepcional, aparentemente chocando con el deber filial que tendría que ser tan importante para pseudónimos que caracterizan la vida ética mediante el matrimonio. Otros pseudónimos tenderán más bien a identificar la vida según la mera convención como una vida estética, acentuarán el carácter de tarea de la vida ética, y así también su continuidad con la vida religiosa. Ése es el modo en que Climacus aborda la ética en el *Postscriptum*. Ahí, en efecto, hay una crítica a la convención, pero precisamente contrastándola con la ética, la cual «en el mejor de los casos ha sido reemplazada por un sucedáneo que confunde lo histórico—mundial con el individuo, y que confunde las aturdidas y vociferantes exigencias de los tiempos con las eternas exigencias de la conciencia sobre el individuo»[124]. Así, mientras que en *Temor y temblor* el padre de la fe es descrito como «un asesino desde la perspectiva de la ética», en el *Postscriptum* la ética es caracterizada por cierta «infinitud», infinitud que une a la ética a Dios, al mismo tiempo que la separa del carácter finito de lo puramente convencional:

> ¿O acaso no es así que Dios es tan difícil de notar, tan escondido aunque presente en su obra, que una persona bien puede pasar la vida, casarse, ser un respetado y amado marido, padre, y

---

[124] SKS 7, 316.

capitán del club de tiro, sin descubrir a Dios en su obra, sin recibir jamás alguna impresión de la infinitud de lo ético, porque se las supo arreglar con una analogía de la confusión especulativa entre lo ético y lo histórico—mundial, arreglándoselas mediante la costumbre y la tradición en la ciudad en la que le tocó vivir?[125]

El que meramente es un «buen ciudadano», es aquí objeto de burla, pero precisamente de una burla desde la perspectiva moral[126]. La ética, tal como la presenta este pseudónimo, está del lado de la «infinitud» y es opuesta a la costumbre. Conviene, por cierto, aclarar que eso no implica necesariamente una contradicción (aunque sí tal vez una tensión) con el énfasis positivo en la costumbre que encontrábamos en la defensa del matrimonio que hace el juez Guillermo en *O lo uno o lo otro*: ahí, «costumbre» es un término elogioso para designar rasgos de carácter adquiridos por la práctica de la vida buena; acá costumbre designa lo meramente convencional.

Es posible precisar todavía algo más la visión moral de Kierkegaard, notando el modo en que se opone a las éticas utilitaristas o consecuenciaslistas que predominan hoy (y que apenas estaban desarrolladas en el tiempo de él). Podemos ver eso a partir del mencionado vínculo de la ética con la «infinitud». Ese vínculo no está concebido como si lo infinito —la vida eterna, por ejemplo— fuese una simple meta, y el resto de la vida por tanto tuviese que ser vista como un mero medio para llegar a tal meta. El pseudónimo Johannes Climacus afirma, por el contrario, que la felicidad eterna «tiene la notable cualidad de estar definida por el modo en que es adquirida»[127]. Escribiendo bajo su propio nombre Kierkegaard haría afirmaciones del mismo tenor en *El instante*, hablando de lo eterno como algo determinado por el modo en que se adquiere[128]. Con tales afirmaciones Kierkegaard se sitúa a considerable distancia quienes ven la vida ética como un instrumento para otra cosa. La felicidad, la vida eterna, son puestas como meta, pero la moralidad

---

[125] SKS 7, 222.
[126] SKS 7, 222.
[127] SKS 7, 388.
[128] SKS 13, 129.

no es reducida a medio, sino que es incorporada a dicha meta. Tendremos que detenernos más adelante a ver si acaso se puede decir lo mismo de *Temor y temblor*, donde aparece la idea de una «suspensión teleológica de la moral». Pero por lo pronto el pensamiento moral de pseudónimos bastante importantes, como Víctor Eremita y Johannes Climacus, parece ser algo bastante compatible con lo que Isaiah Berlin ha llamado «la tradición central de Occidente», esto es, una tradición para la cual la realidad nos ofrece un rostro comprensible —aunque con mucho esfuerzo y en medio de mucho error—, comprensión que sirve de orientación para el actuar —aunque ese actuar a su vez sea condición de una mayor comprensión. Pero para gran parte de dicha «tradición central», esto pasa por una pregunta respecto del fundamento último de la realidad, pregunta que tendremos que abordar preguntando por lo que Kierkegaard califica como estadio religioso.

El (o los) estadio(s) religioso(s)

Este tipo de pensamiento moral, uno que se encuentra no separado —como aparentemente ocurre en *Temor y temblor*— sino en una relación fluida con la religión, lleva a que tengamos que hacer distinciones dentro de la religiosidad. Porque si toda ella estuviera en una relación simplemente fluida con la moralidad, parecería no quedar lugar alguno para el cristianismo, sobre todo si éste es entendido del modo «paradójico» que tan enfáticamente se suele vincular a Kierkegaard. Y Johannes Climacus efectivamente distingue dos tipos de religión: la religiosidad A y la religiosidad B. En cierto sentido parece sencillo lo que está detrás: estamos ante un intento por preservar el carácter religioso de toda la humanidad —bajo la descripción de la religiosidad A— y al mismo tiempo de resaltar lo específico del cristianismo (religiosidad B), sin que éste se diluya en dicha religiosidad A. Conviene pues partir por enfatizar que Kierkegaard, en contraste con muchos de sus seguidores, cree que existe tal «religiosidad A» (lo que otros podrían llamar, por ejemplo, «religiosidad natural»). Pero además, conviene notar que Kierkegaard no describe dicha religiosidad general en términos despectivos ni la presenta como algo fácil. Así como hemos dicho que la vida estética no es necesariamente superficial, tampoco lo es la religiosidad del tipo A. Es decir, su condición de «prerrequisito» o «etapa pre-liminar», su condición de religión pagana, no implica que sea necesa-riamente el semillero de fenómenos grotescos como una teología de la prosperidad. Por el contrario, se trata de algo que en el *Postscriptum* es calificado como la «religión de la profundización interior»[129], y se trata de un tipo de religiosidad en que fenómenos como el sufrimiento y la conciencia de culpa están plenamente incorporados. Climacus —que escribe desde esa cosmovisión— la describe diciendo que

> La religiosidad A puede estar presente en el paganismo, y en el cristianismo puede ser la religiosidad de todo el que no es decisivamente cristiano, sea bautizado o no. [...] En mi opi-nión, la religiosidad A (dentro de la cual yo mismo existo), es tan exigente para un ser humano, que siempre habrá suficien-te tarea en ella[130].

¿Cuá es esa tarea? La exigencia en cuestión es «relacionarnos absolutamente con un telos absoluto y relativamente con un fin relativo»[131]. Este modo de expresarlo parece corresponderse bien con una concepción agustiniana del orden del alma. Según Agustín, en efecto, todo vicio podría resumirse como un goce de lo que es objeto de uso o un uso de lo que debiera ser objeto de goce. Quien está sano goza lo que debe ser gozado (Agustín), se relaciona de modo absoluto con algo absoluto (Kierkegaard). Pero ese modo de hablar de un orden del alma indica que aquí estamos no ante un estadio «religioso», sino ante un estadio «ético—religioso»: el orden moral no existe aquí como algo independiente del tipo de relación que se tenga con Dios.

Pero esa continuidad entre ética y religión obliga a intro-ducir distinciones dentro de la religión. El mismo Climacus tiene claro que la religiosidad A «no es la religiosidad específicamente cristiana»[132]. La religiosidad B, paradójica, es algo sobre lo que Cli-

---

129 SKS 7, 505.
130 SKS 7, 506.
131 SKS 7, 394.
132 SKS 7, 505.

macus también escribe, pero desde fuera, buscando que nadie la reduzca a la religiosidad A:

> Mi intención es volver difícil el llegar a ser cristiano, aunque no más difícil de lo que es, y no difícil para el obtuso y fácil para el intelectualmente despierto, sino cualitativa y esencialmente difícil para todo ser humano, pues, visto de modo esencial, es igualmente difícil para todo ser humano abandonar su entendimiento y su pensar para concentrar su alma en el absurdo[133].

Nótese bien que, si bien hay un llamativo contraste, de modo que en algún sentido una de las formas de la religión puede ser vista como lo opuesto de la otra, están también siendo presentadas en una continuidad, en una relación de dependencia de B respecto de A: «la religiosidad A tiene que estar presente en el individuo antes de que pueda considerar siquiera la dialéctica B», esto es, hay que «relacionarse con una felicidad eterna en la más decisiva expresión de pathos existencial» para recién entonces poder ser arrojado «por el pathos del absurdo»[134]. ¿Ve entonces Kierkegaard al cristianismo, según lo pinta Unamuno, como «una salida desesperada», «que sólo se logra mediante el martirio de la fe, que es la crucifixión de la razón»[135]? Habrá ocasión de detenerse más adelante a reflexionar respecto de cómo debemos tomar este tipo de referencias al absurdo, si acaso confirman o no que Kierkegaard vea el cristianismo en términos irracionalistas. Por lo pronto, baste con notar que incluso si así fuera, no se trataría de un irracionalismo cualquiera, no se trataría de una simple afirmación de lo puramente irracional, sino de un absurdo que declara tener como prerrequisito cierta pasión por una felicidad eterna, una que está concebida de modo no paradójico (pues no tiene nada de paradójico relacionarse de modo absoluto con lo absoluto y de modo relativo con lo relativo). Más adelante, al detenernos a considerar *Temor y temblor* y las *Migajas filosóficas*, tendremos ocasión de considerar más detenidamente esta religiosidad B.

---

[133] SKS 7, 505.

[134] SKS 7, 505.

[135] Unamuno, Miguel de. *Del sentimiento trágico de la vida* Losada, Buenos Aires, 2003. cap. X «Religión, mitología de ultratumba y apocatástasis».

Transición e integración de los estadios

Podemos ahora volver a intentar adquirir cierta perspectiva sobre el conjunto de los tres estadios. Una de las preguntas que aún tenemos pendiente tras haber ofrecido una caracterización general de los distintos estadios, es la de la transición entre ellos. También al respecto encontramos en el *Postscriptum* —una obra en la que todos los pensamientos principales de Kierkegaard parecen encontrar cabida— una aclaradora caracterización. El nombre de Kierkegaard con frecuencia se asocia a «saltos» de fe, sin territorio intermedio, sin mediación alguna. Pero entre los estadios esta obra menciona de modo claro ciertos territorios de transición: «la ironía es el confín entre lo estético y lo ético; el humor es el confín entre lo ético y lo religioso»[136]. Esta caracterización de la ironía y el humor como los respectivos límites puede parecer curiosa, pero nuestra perplejidad se debe tal vez al hecho de que concebimos el humor y la ironía como actitudes o actos específicos, mientras que aquí parecen estar siendo entendidos como actitudes ante la vida completa. Climacus los llama «determinaciones de la existencia» [*Existents—Bestemmelse*] o modos determinados de existir:

> La ironía es una determinación de la existencia, y así nada es más risible que considerarla como un modo de hablar, como la buena fortuna de un autor que busca expresarse irónicamente de vez en cuando. La persona que tiene ironía esencial, la tiene todo el día y no está atada a estilo alguno, pues es la infinitud dentro de él. La ironía es el cultivo del espíritu, y es por tanto lo que sigue más de cerca a la inmediatez; luego viene el hombre ético, luego el humorista, y luego la persona religiosa[137].

En el mundo contemporáneo existe más bien la idea de que la religión sería algo sombrío, excesivamente serio, ciertamente no humorístico. Kierkegaard, en cambio, cree que el cristianismo es «la visión de mundo más llena de humor»[138]. Esto ciertamente requiere

---

[136] SKS 7, 455.
[137] SKS 7, 457.
[138] DD:3 / SKS 17, 214.

de una explicación, pues como hemos visto lo que está detrás no es la idea de alguien meramente gracioso.

Tanto en la ironía como en el humor, de modos muy distintos, encontramos distancia. Tal distancia está dada porque en ambos casos se requiere cierta reflexión. El ironista, en efecto, dice algo que da a entender lo contrario de lo que está literalmente diciendo —como cuando en un día de tormenta nos comenta de modo perfectamente serio cuán bonito está el día. Eso requiere, aunque sea en un grado muy pequeño, cierta reflexión. El ironista sale de lo simplemente dado: la reacción «inmediata» habría sido simplemente constatar lo malo que está el clima. Pero la ironía hace esto de un modo distinto al humor, y por eso sirve de frontera entre lo estético y lo ético, no entre lo ético y lo religioso. Podemos explicar esta diferencia diciendo que la ironía es antipática: el ironista asume una posición de superioridad, se separa del resto. Pero de ese modo la ironía se vuelve a la vez un camino de individualización. Esto lo hace la ironía ya como modo de hablar: el ironista se aparta del significado usual de una frase. Si la consideramos no como modo de hablar, sino como modo de ser, implica también un apartarse de lo común, de lo inmeditamente dado por un proceso de socialización en determinada cultura. Esta individualización rompe, por ejemplo, con el carácter de fuerza impersonal que tiene la vida estética del don Juan de Mozart. El ironista es un individuo antipático; pero si no fuera un ironista ni siquiera sería un individuo.

Frente a este carácter antipático e individualizante de la ironía, podemos decir que el humor es simpático y unitivo. Climacus lo considera más propio de mujeres, pero el juez Guillermo, en *Estadios en el camino de la vida*, señala que también todo esposo se vuelve de modo necesario un humorista, de modo análogo a como los enamorados se vuelven poetas[139]. Pero ¿de qué humor está hablando? El humor es el confín entre vida ética y religiosa, porque es la posición del que capta su propia insuficiencia, su incapacidad de cumplir con los estándares que reconoce como válidos. Kierkegaard coincide pues con aquellos autores que estudian el humor como algo que se

---

[139] SKS 6, 120-121.

da en situaciones de contradicción. No en situaciones de contradicción lógica, sino en situaciones de incongruencia, por ejemplo, entre un ideal y la encarnación del mismo. De esto puede haber manifestaciones a lo largo de un amplio espectro: un error de ortografía representa una incongruencia respecto del ideal, y puede así ser algo humorístico; pero también puede resultarnos humorística la incongruencia entre un ideal de vida y la medida en que llegamos a efectivamente encarnarlo. Pero cualquiera de estos ejemplos muestra de modo bastante claro que el humor es sólo una de las dos posibilidades que se nos abren en la contradicción o incongruencia: hay quien vive su propia mala ortografía como tragedia, y lo mismo ocurre con la propia precariedad moral. La tragedia es la vivencia infeliz de la incongruencia, el humor su vivencia feliz. Según Climacus, el humorista siempre está revocando el valor de su propio actuar: realiza algo como persona moral, pero estando en el confín de lo religioso procede de inmediato a relativizar el valor de lo hecho. Y precisamente en esa mirada humorística respecto de su propia capacidad reside su carácter unitivo: «al final todos logramos avanzar lo mismo» comenta Climacus, notando que a veces sus dolencias son por falta de café, otras veces por exceso del mismo[140]. La vida ética es seriedad, pero su versión más elevada es una en que se ve que siempre se estará en falta, y se es capaz desde esa convicción de no tomarse plenamente en serio a uno mismo.

Pero esto no significa que tengamos cinco estadios, con la ironía y el humor uniéndose a los otros tres. Ironía y humor son más bien territorios límite que a la vez son calificados por Climacus como «incógnito» de los estadios con que limitan. Eso quiere decir que cuando nos topamos con la ironía pueden ser dos realidades distintas las que tenemos por delante. El ironista puede ser un esteta que mira la realidad con distancia pero no logra salir de una inmediatez reflexiva; o bien puede ser un hombre ético que usa la ironía para marcar la distancia respecto de la realidad simplemente dada. Asimismo el humor tiene detrás o a un hombre ético que alcanza a ver algo de su propia precariedad, sin dar el salto a lo religioso, o bien a un hombre

---

[140] SKS 7, 410.

religioso que es consciente de que hay una salida a la culpa, y que por tanto toma humorísticamente la vida ética que, aunque está en el estadio religioso, intenta llevar. Ni la actitud irónica ni la humorística son pues transparentes respecto de la realidad que existe tras ellas.

Por último, podemos preguntar por la integración de los contenidos de ciertos estadios en otros. Los estadios, por lo que hemos visto, no parecen concebidos como etapas sucesivas por las que todo hombre necesariamente pase. Podría haber alguien que jamás llegue, por ejemplo, a la religiosidad B. Sin embargo, incluso viviendo de modo estable en uno de los estadios, hay significativos elementos de los restantes que son susceptibles de alguna integración en aquel en el que uno se encuentra. También éste es un tópico sobre el cual hay indicios elocuentes en la obra de Kierkegaard, aunque rara vez reflexión explícita y sistemática. Lo primero a lo que el lector se suele enfrentar es a la disyuntiva excluyente, como en el título *O lo uno o lo otro*, que no parece sugerir una integración. Y no sólo en el título, sino que los papeles del mismo «B» parten, como hemos visto, con esa disyuntiva. Sólo después de esa alternativa se presenta la defensa de la «validez estética» del matrimonio, y luego una larga carta sobre «el equilibrio» de estética y ética en la formación de la personalidad. Éste parece ser un patrón recurrente en Kierkegaard. La vida religiosa, por ejemplo, está concebida como una que es capaz de integrar elementos importantes del resto de los estadios, pero el primer texto en que se nos presenta la religión es uno que contrapone la vida ética y la religiosa, *Temor y temblor*. Sólo tras eso, después de que, por decirlo así, han sido destronadas las pretensiones de la estética o de la ética, sus pretensiones de ser lo que configura la vida, se muestra que sus contenidos no se pierden, que son integrables en un estadio «ético—religioso». Entonces uno se encuentra con obras como el *Postscriptum* o *Las obras del amor*. Y la religión integra también elementos de la vida estética, no sólo en el sentido de integrar ciertos goces estéticos, sino en cuanto «recapitula» uno de los elementos estructurales de la vida estética: la inmediatez. Ciertamente lo incorpora de un modo transfigurado. En ocasiones Kierkegaard se refiere a la fe como una «segunda inmediatez». Pero estas reflexiones ya son suficientes para llevarnos a *Temor y temblor*.

3. *«Temor y temblor»*

Título y estructura

Uno de los puntos que hemos dejado pendientes es el de una mayor clarificación de la religiosidad B, o religiosidad paradójica. Se trata, sin más, del cristianismo. El mismo Climacus ha declarado que elucidar su naturaleza lo considera su tarea principal. Pero aunque se trate del cristianismo, conviene notar que si de religiosidad paradójica se trata, el primer texto kierkegaardiano en aproximarse a la misma es un texto que no arranca de una historia del Nuevo, sino del Antiguo Testamento. *Temor y temblor*, de 1843, consiste en una elaboración sobre la historia del (casi) sacrificio de Isaac. Publicado bajo el pseudónimo de Johannes de Silentio, puede sin duda ser considerado como uno de los grandes clásicos de la espiritualidad moderna. Kierkegaard mismo albergaba la convicción de que así sería: «cuando muera, *Temor y temblor* bastará para darme una fama inmortal: será leído y traducido a muchos idiomas»[141]. Se trata, además, de uno de los textos de la historia del pensamiento que en mayor tensión pone las relaciones entre ética y religión. A partir del relato del sacrificio de Isaac, esta obra parece plantearnos las grandes preguntas sobre la relación entre Dios y la ley moral dada por el mismo: si acaso esta ley es algo que de algún modo el mismo Dios se puede saltar, y si acaso nos relacionamos con Dios mediante esa ley o de un modo directo.

Naturalmente, la interpretación de la obra es por lo mismo materia delicada, y ha sido objeto de las más variadas lecturas. Tómese, por ejemplo, el caso de Derrida, la voz principal de las corrientes deconstructivistas contemporáneas, quien comenta *Temor y temblor* en su escrito *Dar la muerte*. Con su usual agudeza, Derrida parte por notar que el título de esta obra alude a un verso bíblico (Filip. 2:12-13) que nunca es citado por Kierkegaard en el libro en cuestión[142]; y este texto paulino es uno que llama a trabajar por la

---

[141] NB12:147 / SKS 22, 235.
[142] Derrida, Jacques. *Dar la muerte* Paidós, Barcelona, 2000. Cabe, con todo, notar que el pasaje de Filipenses en el que se apoya Derrida no es el único texto en que Pablo usa una expresión como ésa.

propia salvación, con temor y temblor, también en ausencia de Pablo. Con esa referencia a la ausencia ya está constituida la escena para una filosofía sospechosa del concepto de presencia, como es la de Derrida: «Los discípulos son exhortados a trabajar por su salvación no en la presencia (*parousia*) sino en la ausencia (*apousia*) del maestro: sin ver ni saber, sin oír la ley ni las razones de la ley»[143]. Releído *Temor y temblor* desde este trasfondo, Abraham no sería una figura excepcional, sino un ejemplo de cómo, en ausencia de una ley transparente, en ausencia de una voz clara, se puede responder al llamado de la responsabilidad. El padre de la fe es así convertido por Derrida en una suerte de «héroe de la vida diaria», que nos permite sacar una moraleja, pero una moraleja no sobre la fe sino sobre la misma moral. Y esta moraleja es que en realidad el actuar responsable es un actuar injustificable: el que da razones, el que se explica, el que rompe el silencio, no está atendiendo al llamado del otro, sino actuando conforme a categorías puramente «generales». El Abraham de *Temor y temblor*, leído por Derrida, está pues implicado no en un simple sacrificio de Isaac, sino en un sacrificio de la ética[144].

Otros intérpretes han sido menos radicales, pero se han movido en la misma dirección: no han tomado por asalto toda la metafísica de la presencia —la idea, por decirlo así, de que Dios está presente y no está callado—, pero sí han considerado que *Temor y temblor* echa por suelo cualquier idea de una ética de tipo universal. Y ciertamente pareciera que nuestro autor les ha dado pie para este tipo de conclusiones. Vista moralmente, escribe el pseudónimo de turno, la acción de Abraham es un asesinato. *Temor y temblor* parece así constituir todo un paradigma de una fe amoralista, irracional e individualista. ¿Es necesaria dicha conclusión? ¿O tendremos que pensar, como Levinas, que Kierkegaard perdió totalmente el rumbo en esta obra, y que en realidad el punto central de la historia es

---

[143] Derrida, *Dar la muerte* pág. 154.

[144] Esta posición ha sido desarrollada más ampliamente por Caputo, John. *Against Ethics. Contributions to a Poetics of Obligation with Constant Reference to Deconstruction* Indiana University Press, Bloomington e Indianapolis, 1993.

cuando Abraham oye la voz que lo lleva a bajar el cuchillo?[145] Procedamos con calma, pues si en algo tiene razón Derrida es en los pasos que sigue, en el intento por no llegar demasiado rápido a la conclusión, en el «levantamiento de pruebas» que hace antes de proceder. Pero no sólo el título de la obra puede ser revelador, sino toda la estructura de la misma, a la que conviene en primer lugar dirigir la mirada.

Prólogo

Atmósfera

Elogio de Abraham

Problemata

> **Efusión preliminar**
>
> **Problema I: ¿Hay una suspensión teológica de lo moral?**
>
> **Problema II: ¿Hay un deber absoluto hacia Dios?**
>
> **Problema III: ¿Puede justificarse moralmente el silencio de Abraham frente a Sara, Eliezar e Isaac?**

Epílogo

No es usual exponer de este modo el índice de una obra al intentar explicarla, pero en este caso tal procedimiento puede prestar cierto servicio, y en particular en relación a aquellas secciones de la obra que parecen marginales. Usualmente, un autor dice en la introducción de su libro lo que se propone desarrollar en el mismo, y en

---

[145] Levinas, Emmanuel. «Existence and Ethics» en Jonathan Rée y Jane Chamberlain (eds.) *Kierkegaard: A Critical Reader* Blackwell, Oxford, 1998. pág. 34.

la conclusión afirma que efectivamente lo ha desarrollado; Johannes de Silentio no hace ni lo uno ni lo otro: prólogo y epílogo parecen hablar de cualquier cosa menos del núcleo argumental desarrollado en los tres «problemas». Recién éstos plantean de un modo agudo, a partir del caso de Abraham, la relación entre la fe y la ética. ¿Desempeñan entonces algún papel el epílogo y la larga introducción que pasa por un prólogo, una «atmósfera», un «elogio de Abraham» y una «efusión preliminar»? ¿O se trata de un absurdo, interminable, inexplicable e innecesario apéndice al tema central?

La tesis que defenderé aquí es que considerar el tenor de dichos pasajes contribuye de modo decisivo a leer de un modo adecuado los tres grandes «problemas». Tal tesis parece a primera vista plausible por el sencillo hecho de que el prólogo y el epílogo, aunque no tengan un tema en común con el resto del libro, sí tienen un tema en común entre sí. El tema del prólogo y el epílogo, aquello a lo que se enfrentan, es la pretensión de la época presente de estar yendo «más allá». Se trata de un ir «más allá» que torna demasiado barato lo que otras generaciones todavía recibían de modo caro. Así, la obra comienza con una alusión al hecho de que nuestra época organiza una similar «liquidación» en el mundo de las ideas y en el mundo de los negocios; y como en toda liquidación excesiva, la pregunta es si habrá alguien finalmente interesado en comprar un producto tan barato. Esta comparación con el mundo de los negocios sigue presente en el epílogo, el cual se abre con una reflexión sobre la treta de arrojar las mercancías por la borda con el fin de elevar el precio de productos que se han devaluado. ¿Habrá —se pregunta el autor— necesidad de una treta semejante en el mundo del espíritu?

¿A qué se refiere con tal subasta? Lo sugerido es que tareas vitales como la duda y la fe son cosas con las que ya nadie se conforma. Mientras generaciones anteriores se habrían puesto la duda y la fe como tareas de toda una vida, como algo que no se alcanza en unos pocos días, la duda y la fe sirven ahora como punto de partida, como aquello que cuanto antes se dejará atrás. Así se plantea la cuestión en el prólogo. El epílogo cierra con esa misma idea, con la afirmación de que las grandes tareas de la vida, como aprender a amar, cada generación tiene que partirlas de cero, en lugar de creer que son un punto de partida ya alcanzado para cuanto antes ir «más allá». Este distanciamiento respecto de los que pretenden ir más allá desde luego no tiene nada que ver con la defensa de una posición estática. Nadie que ama, nadie que cree —se nos dice en el epílogo—, aceptaría que se le diga que «se detiene» en el amor o la fe; por el contrario, su vida entera se encuentra contenida ahí, y por eso no se dirige hacia algo distinto. Pero si la crítica a este «ir más allá» es lo que cierra y abre la obra, vale la pena preguntarse cómo se relaciona esto con el resto de la misma. Y el papel inicialmente desempeñado por la figura de Abraham es precisamente el de servir de contrapunto a lo denunciado en el prólogo y el epílogo. Como se lee en el notable «elogio de Abraham», a los 130 años éste «no había llegado más allá de la fe»[146]. Lo que entonces tenemos es una obra que, mediante una lupa puesta sobre la figura de Abraham, intenta aumentar las exigencias, resistiendo ciertos intentos por bajar el precio del «producto» del que se ocupa.

De Abraham se nos dice aquí que «abandonó su razón terrestre y tomó la fe»[147]. Se nos dice también que «la expresión ética de la acción de Abraham es que quiso matar a su hijo»[148]. Es de la fe y de la ética que se nos da en la obra cierta enfática interpretación, y de ellas intentaremos a continuación dar una breve explicación sistemática. Lo haremos en tres pasos, explicando primero qué caracterización de la vida de fe ofrece la obra, qué caracterización de la ética, y sobre los resultados así alcanzados volveremos para hacer una evaluación general del sentido de este libro.

El caballero de la fe

Cuando el pseudónimo de turno, Johannes de Silentio, nos ofrece una caracterización de sí mismo, lo hace diciendo que sabe amar, pero que no posee fe. Con todo, la fe es uno de los objetos que más lo sorprenden. ¿Pero por qué? Figuras heroicas, sorprendentes, hay también fuera de la fe. Para comprender lo que llama

---

[146] SKS 4, 119.
[147] SKS 4, 113.
[148] SKS 4, 126.

la atención del pseudónimo conviene pues prestar atención a las figuras con las que compara a Abraham y ver mediante el contraste lo peculiar de éste. Porque éste es elogiado comparándolo con dos tipos de figuras: el héroe —en particular el héroe trágico— y el «caballero de la resignación infinita».

Conviene recordar que en el contexto cultural del período las figuras heroicas son frecuentemente invocadas como antídoto para la sociedad crecientemente masificada y mediocre. Hay un aprecio romántico por el genio, hay un clamor por héroes, manifestado en textos como *Heroes and hero—worship* de Carlyle. Kierkegaard coincide por supuesto en el diagnóstico negativo respecto de la sociedad de masas, pero se aleja de sus contemporáneos en el culto por las figuras heroicas o geniales. Su ensayo «sobre la diferencia entre un genio y un apóstol»[149] ya es un elocuente testimonio al respecto, y también en sus textos más enfáticos contra la masificación afirma que «la época de los héroes ha pasado». Pero Kierkegaard evidentemente piensa que el mundo contemporáneo necesita una cura no menos, sino más radical.

Con todo, eso no quita que la figura heroica siga teniendo algo que enseñarnos. Y aunque aparezca como menor al ser contrastada con Abraham, también ella está desempeñando una función de correctivo respecto de la época presente. Al referirse a los héroes, Johannes de Silentio reconoce que puede «entender a los héroes, entender que luchan también por mí»[150]. El héroe es pues la figura que, aunque grandiosa, alcanza a ser comprensible; he ahí su gran diferencia respecto de Abraham. El ejemplo prototípico de un héroe trágico es en esta obra Agamenón, el héroe griego que para aplacar a los dioses y conseguir viento favorable para su ejército, está dispuesto a sacrificar a su hija. Tal como Abraham, Agamenón muestra pues la disposición a sacrificar a su hija, Ifigenia. Pero la situación es radicalmente distinta de la de Abraham, porque Agamenón se puede dar a entender, no está como Abraham condenado al silencio; con Agamenón se puede llorar, otros griegos se pueden condoler

---

[149] SKS 11, 95-111.
[150] SKS 4, 126.

ante el sacrificio que hace por la comunidad, «¿pero qué alma será tan extraviada como para llorar con Abraham?»[151]

Esta contraposición entre el héroe y el caballero de la fe obedece a algo muy decisivo: la distinta relación que uno y otro tiene con «lo general». Con el héroe se puede llorar, como hemos visto, precisamente porque se lo comprende; porque aunque le ocurre algo singular, es algo comunicable. *Temor y temblor* nos está pues hablando desde una clara conciencia de la continuidad entre hablar y actuar. Nuestras acciones son un modo de hablar, de darnos a entender, y nuestro hablar es un cierto actuar. Quien no puede hablar, quien está obligado al silencio, está fuera de la acción humanamente inteligible, está fuera de la ética, aunque ese «fuera» pueda tener variantes tanto divinas como demoniacas. Pero el héroe está dentro. Con todo lo singular que pueda ser, mediante esa singularidad él expresa algo de la comunidad: «el héroe trágico renuncia a sí mismo para expresar lo general; el caballero de la fe renuncia a lo general para convertirse en individuo»[152]. El héroe es, por tanto, el «hijo predilecto de la ética»[153]: aunque al sacrificar a su hija parece moverse fuera de lo moral, lo hace en dirección a una sección más elevada de la moral misma, lo hace por la pólis. En Abraham, en cambio, no hay nada semejante. Así, elogiar a un héroe y elogiar a Abraham es algo muy distinto; nos podemos ver movidos a un elogio de Abraham, pero un elogio que siempre va a ser «con *horror religiosus*, como Israel se acercaba al monte Sinaí»[154].

Con esto ya tenemos una primera explicación de por qué Abraham es una figura tan excepcional, situada más allá de cualquier generalidad. Pero además de contrastarlo con el héroe, hemos ya mencionado que el «caballero de la fe» es contrastado también con el «caballero de la resignación infinita». Si son contrastados, es porque lo característico de Abraham no es la resignación. Lo característico de Abraham es la fe: «Abraham no renunció a Isaac por

---

[151] SKS 4, 154.
[152] SKS 4, 167.
[153] SKS 4, 177.
[154] SKS 4, 154.

la fe, sino que por ella lo recibió»[155]. Ahora bien, si al distinguirlo del héroe, en particular del héroe trágico, hemos logrado distinguirlo de lo máximo que se encuentra en la esfera moral, ¿de qué lo distinguimos al distinguirlo del «caballero de la resignación»? Aquí se distingue a Abraham de cierta interpretación no de la vida moral, sino de la vida religiosa. Pues como bien ha notado Robert Adams, Kierkegaard está aquí tocando un punto presente en virtualmente toda concepción de la religión: que ésta implica renuncia, que implica una toma de distancia respecto de la creación, una alerta ante la idolatría; pero que al mismo tiempo, por el sencillo hecho de que se sigue viviendo en el mundo, está claro que no puede haber una cabal renuncia, un literal desprenderse de todo lo de este mundo. Abraham está siendo usado para explorar precisamente este problema[156].

En sus escritos más tardíos —en el «ataque a la cristiandad»— el modelo presentado por Kierkegaard parece ser el de una más categórica y simple renuncia al mundo. En *Temor y temblor*, en cambio, no encontramos una renuncia a cada uno de los deseos y amores mundanos, sino primero un intento por concentrarlos todos en un objeto. En esto el caballero de la resignación y el de la fe están unidos: son «caballeros» precisamente por esta capacidad de concentración, de devoción unificada que «concentra todo el contenido de la vida y todo el significado de la realidad en un solo deseo»[157]. Johannes de Silentio los contrasta en este sentido con «hombres de dinero que colocan su capital en distintos valores de la bolsa, para compensar en un negocio por lo perdido en otro»[158]. Héroes, resignados y hombres de fe tienen un mensaje en común contra ese género de dispersión (que ciertamente no es patrimonio exclusivo de hombres de dinero). Lo que se requiere es, pues, concentración de todo lo valioso en un aspecto de la creación, y al mismo tiempo la disposición a sacrificar eso en que todo se concentra. Quien logra eso logra la independencia del mundo, ya no tiene su ley fuera de sí mismo; es

---

[155] SKS 4, 143.

[156] En esto y en algunas otras ideas del presente capítulo estoy siguiendo a Adams, Robert. «The Knight of Faith» en *Faith and Philosophy* 7, 1990.

[157] SKS 4, 137.

[158] SKS 4, 137.

capaz de vivir, por ejemplo, sin la mujer en quien concentró todos sus deseos terrenos. Pero esto todavía no es fe, sino sólo «resignación infinita». Ya es bastante, desde luego, porque recién aquí el individuo ha alcanzado «conciencia de su valor eterno»[159] y gana independencia ante el mundo. Pero nada de esto nos pone aún ante Abraham.

En Abraham ciertamente hay renuncia. Pero su vida no es una vida de renuncia, sino una vida de fe, y por la fe recibió una vez más a Isaac: «después de haber hecho el movimiento infinito, cumple también con el de la finitud»[160]. Esto es lo peculiar de Abraham: no la renuncia, sino al mismo tiempo la feliz recepción del bien finito al que había renunciado. Para resaltar el contraste, la obra nos presenta al caballero de la resignación como alguien fácil de reconocer, alguien elástico y audaz que renuncia a lo exterior; el caballero de la fe, en cambio, es alguien que, porque abraza también lo finito, no es tan fácil de identificar. Johannes de Silentio afirma que el caballero de la fe parece así un burgués cualquiera: «todas las cosas lo alegran, todas le interesan; y cuando interviene en algo lo hace con la misma perseverancia de los hombres terrestres a los que en ese algo se les va la vida»[161].

Tal como el héroe, el caballero de la fe vive entregado a las tareas generales; tal como el caballero de la resignación, ha renunciado a ellas: he ahí su contradicción. En efecto, recién al comprender esto podemos entender la frecuente afirmación de que estamos ante una paradoja, que «el movimiento de la fe siempre debe hacerse en virtud del absurdo»[162]. En *Temor y temblor* ese género de afirmaciones no se relacionan con la racionalidad de alguno de los contenidos de la fe, sino con la contradicción práctica del hombre de fe que al mismo tiempo renuncia a todo y vive entregado a todo[163]. Con eso en mente, dirijamos ahora la mirada a la tensa relación entre ética y religión que esta obra parece transmitir.

---

[159] SKS 4, 140.

[160] SKS 4, 133.

[161] SKS 4, 134.

[162] SKS 4, 132.

[163] El carácter práctico de la contradicción se encuentra adecuadamente presentado en Adams, «The Knight of Faith», pág. 3.

La suspensión teleológica de la moral

Uno de los «problemas» que plantea *Temor y temblor* es si acaso puede darse una «suspensión teleológica de la moral», esto es, si acaso por un fin superior —como en este caso la obediencia a Dios— puede ser suspendida la moralidad. Antes de abordar el modo en que la obra discute esta cuestión puede ser conveniente aclarar algo respecto de una posible lectura. Pues hablar de una suspensión de la ética a causa del fin buscado suena análogo a una de las principales corrientes en teoría moral contemporánea, el utilitarismo o consecuencialismo. Se trata, en efecto, de una teoría moral que considera que la acción se debe evaluar a partir de la consecución de ciertos fines o, más específicamente, que el principal criterio de evaluación moral no se encuentra en la acción misma sino en los resultados alcanzados. Según la expresión popular, que «el fin justifica los medios». Ahora bien, es evidente que desde la perspectiva interna de los utilitaristas, lo que hacen ellos no puede de modo alguno describirse con la pregunta de *Temor y temblor* respecto de la suspensión teleológica de la moral. Porque ésa es una pregunta respecto de la suspensión de la moralidad, mientras que los utilitaristas creen que con su teoría lo que están haciendo es precisamente describir la moralidad misma. Pero al margen de eso, salta a la vista en la lectura de esta obra que, si bien el utilitarismo no se encontraba muy claramente configurado aún, el espíritu que está detrás del mismo es categóricamente rechazado por Johannes de Silentio. Esto ocurre como parte de su diagnóstico de la vida contemporánea. En ésta, nos dice, si alguien llegara siquiera a aproximarse al heroísmo, lo hará diciendo que «el resultado me va a dar la razón»[164]. Nadie que formule una frase semejante es un genuino héroe, sino una caricatura del mismo. Un héroe, religioso o no, se olvida de los resultados, «ignora si el resultado de su acción es algo que va a llenar al mundo de gozo»[165]. El «coquetear con resultados» es así denunciado no sólo como una cuestión de «estetas»[166], sino como un «tráfico de acciones

---

[164] SKS 4, 155.
[165] SKS 4, 156.
[166] SKS 4, 156.

heroicas» peor que la tradición de Judas: quien obra justificándose por los resultados es un «especulador de lo sagrado», que se salta la angustia como si estuviera saltando a la conclusión de un libro[167]. Lo menos que se puede decir es que el «espíritu del utilitarismo», una de las más influyentes teorías morales de hoy, es aquí categóricamente rechazado.

Pero el interlocutor en *Temor y temblor* no es el utilitarismo, sino otra teoría moral. Sin embargo, no parece del todo sencillo determinar cuál es esa teoría con la que se discute. Partes parecen sugerir que Kant es una de las figuras inspiradoras de la visión moral que aquí se propone. Es cierto que no encontramos referencia alguna a ideas como el imperativo categórico, pero sí encontramos la idea de que sólo naturalezas inferiores «encuentran fuera de sí mismas la ley de sus actos»[168], un claro eco de la crítica kantiana a la heteronomía. Un ideal kantiano de autonomía parece así presente. Pero más fuertemente resuena en el trasfondo Hegel. Hegel mismo reconoce un lugar para eso de lo que habla Kant, la *Moralität*, pero rechaza su carácter abstracto y promueve un ideal de vida mucho más enfáticamente ceñido a lo que recibimos por la costumbre (*Sitte*), tal como ésta se expresa en instituciones, en la ley civil, en el Estado. No *Moralität*, sino *Sittlichkeit*[169]. Es más bien la visión hegeliana de la vida moral, aunque tal vez con algunos ecos kantianos, la que está siendo aquí expuesta. Los tres «problemas» que plantea la obra parten, en efecto, con una descripción de lo que se va a entender por moralidad, y en los tres casos la primera afirmación es que «lo moral es lo general». En cada uno de los tres problemas de *Temor y temblor*, esta descripción de lo moral como lo general es expandida de acuerdo a la pregunta de turno. Así, se afirma primero que lo moral, siendo lo general, «descansa inmanente en sí mismo, sin nada exterior que sea su telos»; en segundo lugar, que lo moral, siendo lo general, es lo divino, pero precisamente en el sentido

---

[167] SKS 4, 156.

[168] SKS 4, 139.

[169] Para un excelente análisis crítico de *Temor y temblor* desde una perspectiva hegeliana véase Stewart, Jon. «Hegel's View of Moral Conscience and Kierkegaard's Interpretation of Abraham» en *Kierkegaardiana* 19, 1998.

de que es suficientemente divino, que no implica además un deber específico hacia Dios (caso en el cual el resto de la moralidad no sería divina); por último, que lo moral, siendo lo general, requiere expresarse, es lo manifiesto, lo contrario del silencio de Abraham ante su hijo, su mujer y su siervo. Si las tres secciones «problemáticas» de esta obra parten con una descripción de la moralidad como lo general, está claro que se nos quiere llamar la atención sobre dicha descripción, está claro que se nos quiere transmitir los contornos de cierta visión de lo que es la vida moral —sea para inculcarnos tal concepción de la moralidad, o para sembrar en nosotros alguna duda respecto de la misma.

Ahora bien, si esto es la moralidad, ¿cómo se relaciona Abraham con ella? Desde el punto de vista de la moral, como hemos visto, Abraham parece un asesino. Si cambiamos la perspectiva, en tanto, para mirar las cosas como las mira Abraham, el abismo se ve igual de grande: para Abraham «la tentación es la moral misma»[170]. Sea que se mire a Abraham desde la moralidad o a la moralidad desde Abraham, su oposición parece ser total. Nótese, por cierto, que la cuestión no es si acaso por obediencia a Dios se puede suspender alguna norma ética específica —como la de no dar muerte a un hijo—, sino que se pregunta por la «suspensión teleológica de la moral» completa. Abraham es «un emigrado de la esfera de lo general»[171], es lo contrario de la moralidad o, al menos, de esta concepción de lo que es la vida moral.

Pero si esto es así, cabe notar que el tipo de relación que esto implica respecto de «lo general» es una total novedad en comparación con el paganismo. Aquí el individuo se relaciona de modo directo con lo absoluto, no a través de la mediación de lo general. Tal tipo de «relación absoluta con lo absoluto»[172] es según Kierkegaard «desconocida para el paganismo»[173]. La «mediación» de la comunidad es la que salva al héroe trágico, pero aquí estamos ante alguien

---

[170] SKS 4, 153.
[171] SKS 4, 202.
[172] SKS 4, 150.
[173] SKS 4, 153.

que se salva por sobre dicha mediación: «el individuo establece su relación con lo general mediante su relación con lo absoluto, y no su relación con lo absoluto por su relación con lo general»[174]. La moralidad es entonces «lo relativo». Ésa es, desde luego, una de las posibles conclusiones de la obra.

Pero no la única. Abraham es una contrafigura de esta moralidad —si es que esto es la moralidad. Pues ésa es una de las principales preguntas que nos podemos hacer, si acaso en *Temor y temblor* esta concepción de la moralidad está siendo expuesta para contrastarla con la fe, o si acaso no hay en la obra un intento simultáneo por exponer las deficiencias de este modo de concebir la vida moral. De ser así, lo que está ocurriendo en *Temor y temblor* no es que Abraham esté siendo puesto fuera de la ética, sino fuera de un modelo falso de lo que es la ética, precisamente para resaltar la falsedad, o al menos la estrechez del mismo. Así invita a leerlo la sugerente interpretación de C. Stephen Evans, a quien sigo en este punto[175]. La moralidad mirada como telos de sí misma, la existencia de deberes fundados en Dios pero no deberes directos respecto de Dios, el llamado a que en esta vida todo se tenga que hacer visible o audible: la fe sí tiene que chocar con una moralidad que se reduzca a este estrecho marco. De lo que se trata en *Temor y temblor* es, tal vez, de hacer reventar precisamente esa concepción de la vida moral.

El sentido de «Temor y temblor»

Intentaremos, a la luz de lo anterior, decir finalmente algo sobre el sentido general de esta obra. En medio de la efusión preliminar, leemos que la época presente no se «queda» en el milagro de la conversión de agua en vino, sino que va también en esto «más allá»: convierte vino en agua. Tenemos que esforzarnos por leer *Temor y temblor* como vino, en lugar de explicarlo de un modo que lo acabe aguando, que es lo que ocurriría si acabamos ofreciendo un Abra-

---

[174] SKS 4, 162.

[175] Véase Evans, C. Stephen. «Faith as the *Telos* of Morality: A Reading of *Fear and Trembling*» en Evans, *Kierkegaard on Faith and the Self. Collected Essays* Baylor University Press, Waco, 2006.

ham sencillamente comprensible. Al mismo tiempo, sin embargo, tenemos que evitar convertir la obra en un vino avinagrado, en que simplemente se promueve una fe irracional o inmoral. En efecto, no todo intento por explicar algo esté condenado a aguar la materia.

Podemos pues partir por volver sobre lo último que hemos visto, la comprensión de la moralidad aquí reflejada. Ya he sugerido que el objeto de la obra puede no ser el de una simple contraposición entre fe y moral, sino que también podemos estar presenciando un intento por minar una concepción según Kierkegaard errónea de lo que es la moralidad. Y se trata, por cierto, de una concepción que aún se encuentra vigorosamente presente, como puede verse en la centralidad que sigue teniendo en la filosofía política la noción de «razón pública». Lo mismo al nivel de la más cotidianas decisiones: el secreto médico, el secreto bancario y fenómenos similares retroceden día a día de la mano de un ideal de transparencia total que imagina que si escondemos algo, tiene que haber una inmoralidad implicada. Esa exigencia de publicidad es uno de los rasgos más destacados de la ética en *Temor y temblor*. A través de su contraste con el silencio de una figura grandiosa como Abraham, Kierkegaard puede estar intentando sembrar en nosotros dudas respecto de *dicha* concepción de la moralidad, no respecto de la moralidad misma[176].

Hay buenos motivos para pensar el texto en esos términos. Después de todo, el resto del corpus kierkegaardiano ve la ética como algo existente en una relación más fluida con la religión, pero precisamente porque en esos casos la ética no es presentada como telos de sí misma. Además, también dentro del mismo *Temor y temblor* parece de antemano minada la ética como mera sujeción a la generalidad: la «resignación infinita» —algo previo a la fe, según hemos visto— ya es descubrimiento de que el yo es de algún modo inconmensurable con «lo que pasa allá afuera». El resignado ya es inquietante para la ética. Así, no sólo el utilitarismo, sino el conjunto de la filosofía moral moderna estaría siendo visto con distancia,

---

176 Con todo, vale la pena remitir una vez más al recién citado artículo de Jon Stewart, para tomar conciencia del carácter altamente problemático de la posición de Kierkegaard.

aunque no se nos diga cuál es la alternativa que propondría Kierkegaard en términos de filosofía moral.

Pero si Kant está entre los interlocutores, conviene notar que la crítica de la posición kantiana no se limita a su concepción de la moralidad, sino que se extiende a la concepción kantiana de la religión. De hecho, una obra ideal para contraponer a *Temor y temblor* es *La religión dentro de los límites de la sola razón*, donde Kant ha presentado la tal vez más clásica versión de la fe reducida a la moralidad. En los párrafos precedentes hemos defendido la idea de que aquí una determinada visión de la moralidad es objeto de crítica indirecta; pero más claramente aún resuena a lo largo de toda la obra el rechazo a la idea de que la fe, o en general la religión, pueda ser reducida a una tarea moral. Para notar bien cómo está planteada dicha cuestión, conviene que veamos bien dónde caen los énfasis de *Temor y temblor*. Un lector de hoy, en el contexto de la discusión moral y teológica contemporánea, podría leerla desde una pregunta más radicalmente relativista: «¿podría Dios ordenarme que viole su propia ley?» Pero, aunque la obra pueda invitar a plantear preguntas como ésa, las que en realidad plantea son otras. Pues la disposición a sacrificar un hijo no es lo distintivo de Abraham sino lo que tiene en común con Agamenón. Y el propósito de *Temor y temblor* no es resaltar lo que tienen en común, sino lo que los distingue, para así mostrar la fe como irreductible a la moralidad. En este sentido, bien cabría decir que estamos ante una obra dedicada a explorar la irreductibilidad de la fe.

Quien coloque el acento ahí, verá también que toda la visión de la fe que se transmite en esta obra está caracterizada por una curiosa mezcla de radicalidad y conformidad. De la radicalidad no cabe duda: la época contemporánea ya encontraría demasiado radical la resignación —con la cual, en sus momentos de pretendida profundidad, confunde a la fe. Pero de la mano de esta radicalidad de la obra, que considera que la resignación todavía es poco, Johannes de Silentio está diciendo que el caballero de la fe es alguien difícil de distinguir, se parece al resto, vive tranquilamente en el mundo como un burgués cualquiera, gozándose de modo común en las tareas cotidianas. Ésas no son afirmaciones casuales, sino que representan una tesis consistentemente defendida a lo largo de la obra: la radicalidad del caballero de la fe no debe ser confundida con la del «pájaro en libertad» o la del «genio vagabundo», pues el caballero de la fe sabe de la belleza de lo general, no descalifica la vida común y corriente como inauténtica[177]. El caballero de la fe se diferencia así también del sectario, quien posee un «teatro privado» que es su propia «generalidad» a la cual se da a entender[178].

Años más tarde, en *El punto de vista*, Kierkegaard distinguiría su propia crítica de la cristiandad de la de «entusiastas religiosos» que arremeten vociferando contra la cristiandad y denunciando a todos como no cristianos, sin lograr nada[179]. El modo en que Abraham, con toda su radicalidad, es distinguido en *Temor y temblor* de cualquier entusiasta extravagante parece indicar que en 1843 Kierkegaard ya pensaba así; parece pues confirmarse la perspectiva de Kierkegaard respecto de la unidad de todo su proyecto literario. Para continuar verificando eso, dirigiremos a continuación la mirada a uno de sus pseudónimos más productivos.

4. Las «*Migajas*» y el «*Postscriptum*»

El "proyecto" de Johannes Climacus

Johannes Climacus es probablemente el principal pseudónimo de Kierkegaard. Su segunda obra, el *Postscriptum*, es además una obra en la que Kierkegaard retoma virtualmente cada uno de los temas de su producción pseudónima, como para darles un retoque final antes de despedirse, según creía, de su producción como autor. Por lo mismo, darle una cobertura cabal sería aquí pretencioso[180]. Pero intentaremos ver algo de la continuidad entre los dos textos principales de este pseudónimo, en particular en cuanto nos ofrecen

---

[177] SKS 4, 167.

[178] SKS 4, 170.

[179] SKS 16, 24-25.

[180] Para eso véase Furtak, Rick (ed.). *Kierkegaard's Concluding Unscientific Postscript. A Critical Guide* Cambridge University Press, Cambridge, 2010.

una mirada a la apologética kierkegaardiana. Hay por lo demás un significativo paralelo con *Temor y temblor*, aunque aquí el choque no sea entre el cristianismo y la racionalidad moral, sino un choque con otros aspectos de nuestra racionalidad. Porque si se piensa en la sola moralidad, Climacus parece un autor mucho más conciliador que Johannes de Silentio en *Temor y temblor*. En el *Postscriptum* se habla de un estadio «ético—religioso», lo que en *Temor y temblor* sonaría a una contradicción en los términos. Pero si dejamos de lado la reflexión sobre la moralidad, Climacus parece ser el autor pseudónimo que más se esfuerza por preservar el carácter de escándalo que tiene el cristianismo. Como lo expresa en el *Postscriptum* al presentar la religiosidad B: «Tal como en relación a lo que es comprensible resulta risible oír una charla supersticiosa, fanática y abstrusa respecto de la imposibilidad de comprenderlo, asimismo lo opuesto es igualmente risible: ver que, en relación a lo esencialmente paradójico, se intenta comprenderlo»[181]. Climacus busca, pues, evitar que hagamos fácil lo difícil. En eso, en gran medida, se puede resumir su condición de correctivo al mundo moderno: mientras todos los grandes benefactores de la época hacen lo imposible por volver más fáciles nuestras vidas, él concluye que como tarea sólo le queda «el hacer las cosas más difíciles, aunque con el mismo entusiasmo humanitario que los otros»[182].

Para considerar su posición partiremos por dirigirnos al centro mismo de las *Migajas*, un capítulo titulado «la paradoja absoluta». Aquí Climacus habla sobre cómo «la paradoja es la pasión del pensamiento», sobre cómo «la pasión suprema de la razón es querer un choque, aunque el choque signifique su propia pérdida»[183]. ¿Pero qué clase de paradoja tiene Climacus en mente? ¿Qué tipo de «contradicción» sería el cristianismo? Al respecto resulta revelador el comienzo de este capítulo sobre la paradoja absoluta. Porque ahí todo comienza con una reflexión sobre Sócrates, quien en el *Fedro* (229e) reflexiona sobre sí mismo como alguien que parece ser más extraño

---

[181] SKS 7, 511.
[182] SKS 7, 172.
[183] SKS 4, 243.

que el monstruo Tifón, pero también como alguien que parece por naturaleza ser partícipe de la naturaleza divina. Esto, por supuesto, parece una paradoja. Pero si eso es una paradoja, significa que la paradoja se introduce en esta obra no recién con el cristianismo, sino que está con nosotros ya en el autoconocimiento del hombre. Tener conciencia de esto resulta crucial para poder seguir la obra. En primer lugar, porque indica que no es escepticismo respecto de nuestra capacidad cognitiva lo que está detrás de las afirmaciones de Climacus sobre la paradoja que es el cristianismo. La paradoja aparece no por simple ignorancia, ni por la oscuridad de lo divino; aparece no por desconocimiento, sino que precisamente por el conocimiento, y ya al nivel de lo humano. La paradoja no aparece por el hecho de que Dios se haga hombre: ya está en el hombre. Esto parece revelador respecto de cómo debemos pensar la relación entre lo humano y lo divino. Un cristianismo «paradójico», la religión B, parece estarse presentando como particularmente rupturista respecto de la religiosidad humana en general; sin embargo, si en la humanidad ya se presenta la paradoja, el cristianismo parece no ser simple ruptura, sino intensificación de esa experiencia humana primordial.

Pero dicha intensificación pasa por conocer a Dios, a quien de algún modo conocemos (aunque sea como «lo desconocido»). Pero ¿cómo lo conocemos? Esta pregunta nos permite abordar la relación de Kierkegaard con las pruebas de la existencia de Dios. Es común que Kierkegaard presente reparos respecto de la búsqueda de tales pruebas. Por lo general no son objeciones epistemológicas las que levanta contra tal pretensión, sino teológicas o incluso simplemente piadosas, como cuando califica de impúdico el andar ofreciendo pruebas en lugar de decir «tienes que creer»[184]. Pero en las *Migajas* tenemos una discusión algo más detenida, que nos permite comprender exactamente a qué se está oponiendo. Ahí Climacus parte afirmando que «a la razón apenas se le ocurre intentar probar que eso desconocido (Dios) existe»[185]. Detrás de esa afirmación está el problema mayor de que «en general es difícil querer demostrar que algo

---

[184] NB5:123 / SKS 20, 420.
[185] SKS 4, 245.

existe»[186]. Quien dice querer demostrar la existencia de algo, manifiesta con esa expresión más bien su interés por demostrar que eso que existe es tal o cual cosa. Pero eso no es demostrar una existencia. ¿Cuál es la dificultad de intentar probar una existencia? Climacus comienza el planteamiento de su objeción atendiendo a lo peculiar que sería el tratar demostrar la existencia de Napoleón a partir de los hechos del mismo. Hay, desde luego, una estrecha relación entre sus hechos y su persona, de modo que la existencia de Napoléon explica los hechos del mismo. Pero a partir de los hechos no podríamos demostrar su existencia, salvo que se haya sobreentendido la palabra «su» desde el comienzo, teniendo a Napoleón como alguien ya conocido: los hechos de Napoleón demuestran la existencia de Napoleón, pero precisamente porque Napoleón ya fue nombrado con los mismos hechos. Si no nombro a Napoleón, desde los hechos sólo podré demostrar alguna cosa indeterminada, como la existencia de un gran estratega militar. Pero eso, como el mismo Climacus reconoce, es una objeción que no se aplica a Dios: entre Él y sus actos la relación es absoluta, son precisamente actos que nadie más podría haber hecho. A partir de tales actos parecería entonces poder probarse su existencia. Sin embargo, los hechos de Dios, desde los que podría partir la prueba, «no existen de modo inmediato»[187]. Existe, por ejemplo, la naturaleza; pero no existe como dato inmediato «la sabiduría en la naturaleza». Quien operara sólo en base a datos inmediatos, y desde ahí intentara ofrecer la prueba, se encuentra según Climacus sometido a un terrible tormento: en cualquier momento puede ocurrir algo que estropee la prueba, pues en cualquier momento puede ocurrir algo que haga parecer menos sabia a la naturaleza. No es que no exista la sabiduría en la naturaleza, a partir de la cual se desarrollaría la demostración de la existencia de Dios: existe, cree Climacus, pero precisamente como desarrollo de una idealidad ya asumida, asumida porque se parte por reconocer la existencia de Dios.

¿Echa esto por tierra todo acceso a racional a Dios? Me parece que no. Pero la respuesta a esa pregunta depende en gran medida

---

[186] SKS 4, 245.
[187] SKS 4, 246.

de cuán dispuesto uno esté a admitir que además de los círculos viciosos existan también círculos virtuosos. Pues lo que Climacus está afirmando es que «si comienzo, es porque he presupuesto la idealidad y he supuesto que conseguiré llevar a cabo la prueba. ¿Y qué es eso sino que he supuesto que Dios existe y que es por confianza en él que comienzo?»[188] Indudablemente hay aquí una circularidad, y hay gente que rechaza de plano toda circularidad en la argumentación. Pero hay quienes no. En particular en la filosofía contemporánea abundan las corrientes abiertas a la necesidad de asumir un punto de partida, un «prejuicio» como punto de arranque para la comprensión[189]. En eso Kierkegaard parece adelantarse en un siglo, pero lo hace en realidad con la mirada dirigida hacia atrás: es en Sócrates donde ve alguien que «siempre presupone que Dios existe», pero que así «entreteje la naturaleza con la idea de intencionalidad», de un modo que le abre el camino para pensar sobre la relación de la naturaleza con Dios[190]. Una tal prueba por supuesto no podría presentarse como un arma eficaz contra alguien cerrado a cualquier idea de sentido en el mundo. Pero podría tener otro valor.

Ahora bien, cabe notar que lo que acabamos de ver se encuentra ubicado en la mitad de *Migajas Filosóficas*, sin habernos introducido aún al proyecto que se desarrolla en este libro. Con todo, la mención que acabamos de hacer de Sócrates nos puede servir para dirigirnos a dicho proyecto. Sócrates es fuera de toda duda el modelo de filósofo para Kierkegaard; al mismo tiempo, sin embargo, Sócrates representa una religión de la inmanencia. Por lo mismo, en *Migajas* encontramos un intento por ir «más allá de lo socrático», según dice en la «Moraleja» con la que cierra el libro. Pero hay algo de irónico en usar esa expresión, «más allá». Ya hemos visto cómo *Temor y temblor* se abría y cerraba con una burla respecto de quienes van «más allá». En *Migajas Filosóficas* también hay rechazo a quienes van apurados más allá, un rechazo que se manifiesta en un frecuente llamado de la obra a proceder con lentitud: aquí «no disputamos como en una

---

[188] SKS 4, 247.
[189] Véase, por ejemplo, Gadamer, Hans—Georg. *Verdad y Método I* Sígueme, Salamanca, 1999. págs. 273-4.
[190] SKS 4, 249.

carrera, porque gana el acierto y no la rapidez»[191]. ¿Qué está, entonces, haciendo Kierkegaard aquí? ¿No es contradictorio que intente ir «más allá» de lo socrático, él que critica tanto los intentos por ir más allá? Bien podemos decir que de eso se trata todo: de mostrar cuáles serían los requisitos para efectivamente ir más allá de Sócrates (y no superficial o aparentemente más allá de Sócrates, como Kierkegaard cree que lo hace su época). Otro modo de plantear el tema del libro sería entonces el siguiente: todos quieren ir más allá de Sócrates, pero ¿no será tal vez el cristianismo el único modo de ir más allá?

¿Pero qué es eso de ir más allá de Sócrates? ¿Más allá en qué? *Migajas* parte con un clásico pasaje del *Menón* de Platón, según el cual es imposible buscar lo que ya se conoce, e imposible a la vez buscar lo que no se conoce (si ya lo conocemos no necesitamos buscarlo, si no lo conocemos no sabemos qué buscar). En Sócrates—Platón esta dificultad se resuelve por el camino de la reminiscencia: el conocimiento es recuerdo, no el acceso a algo efectivamente nuevo o completamente desconocido. Tal respuesta trae de la mano varios puntos concomitantes. En primer lugar, que el punto de partida que el conocimiento tiene en el tiempo pasa a ser algo contingente, insignificante (lo decisivo es el conocimiento que se obtuvo en la eternidad, en la preexistencia, la experiencia temporal sólo es un estímulo que de modo casi accidental nos hace recordar). En segundo lugar, también el maestro pasa a ser alguien que es sólo una ocasión: no nos enseña algo de lo que carecíamos, sino que nos mueve a descubrir algo que hay dentro de nosotros (por eso decíamos que representa la religión de la inmanencia). En tercer lugar, eso dice también algo sobre el lugar que adquirimos en el mundo: cada uno pasa a ser de algún modo centro: desde la perspectiva socrática «cada hombre es para sí mismo el centro y el mundo entero se centra sólo en él, porque conocerse a sí mismo es conocer a Dios»[192]. La situación es curiosa: cada uno es centro para sí mismo, pero para los demás sólo puede ser ocasión, aunque estemos ante una relación maestro—discípulo. ¿Cómo estaría constituida una alternativa a esto?

---

[191] SKS 4, 252.
[192] SKS 4, 220.

En eso consiste el «proyecto» de Climacus, que se introduce como un simple intento por ver qué se seguiría si las cosas no fueran así, a qué llegaríamos si desarrollamos las consecuencias de que la verdad no es algo que los hombres de algún modo ya conocen. Cambiaría, por supuesto, el lugar del instante: el momento en que accedemos a la verdad pasa a ser decisivo, lo histórico puede pasar a tener una importancia eterna. Cambia la importancia del maestro, quien ahora tiene que darnos mucho más. Porque al discípulo ahora habrá que imaginarlo en una situación más precaria: «el buscador tiene que ser concebido como fuera de la verdad (no avanzando hacia ella como un prosélito, sino escapando de ella), o como no—verdad»[193]. Si el maestro trata con alguien semejante, así de vacío, no sólo tendrá que enseñarle, sino que tendrá que darle incluso la condición necesaria para aprender. Pero eso es algo tan significativo como «recrear» a alguien, y por tanto a este maestro hay que concebirlo no como un sabio cualquiera, sino como Dios mismo.

De este modo, sin jamás introducir de modo explícito el cristianismo, Climacus ha introducido paso a paso categorías como pecado, culpa, Dios como redentor, etc. Con todo lo explícito que es el rechazo de cierto tipo de argumentación a favor del cristianismo, el proyecto completo de *Migajas* puede pues ser leído como una argumentación —muy peculiar, sin duda— a favor del mismo. Pero eso descansa no sólo sobre cierta comprensión del cristianismo, sino también sobre cierta comprensión del papel del conocimiento —de distintos tipos de conocimiento— en nuestra vida. A eso nos dirigimos a continuación.

La pregunta por la verdad

El proyecto de las *Migajas* nos conduce a una pregunta más: por distintas vías hemos descartado que Kierkegaard deba ser entendido como un autor irracionalista, pero todavía cabría preguntarse en qué medida es un autor derechamente subjetivista o relativista. No faltan las afirmaciones en las que él mismo nos da esa

---

[193] SKS 4, 222.

impresión: sobre todo el *Postscriptum*, firmado por el mismo pseudónimo que las *Migajas*, defiende la idea de que «la subjetividad es la verdad»[194], y que por tanto es más veraz adorar «en espíritu y en verdad» a un ídolo que orar sin «la pasión de la infinitud» al Dios verdadero[195]. En síntesis: «el cristianismo es espíritu, el espíritu es interioridad, la interioridad es subjetividad, la subjetividad es esencialmente pasión»[196]. Apenas parece posible afirmar de un modo más apasionado la posición subjetivista. Pero a estas alturas ya tenemos claro que nada es tan sencillo en Kierkegaard. Para hacernos cargo de la cuestión de fondo intentaremos abordar aquí tanto la obra de Kierkegaard en general, el tipo de observaciones que hay en ella sobre la verdad y la ciencia, como el sentido específico que tienen estas frases en el *Postscriptum*[197].

Lo primero que cabe hacer es intentar cierta aclaración. Si bajo subjetivismo se entiende algo así como relativismo, a lo largo de toda la obra de Kierkegaard uno encuentra una enfática crítica del mismo. Pero el término que típicamente usa no es relativismo, sino «desintegración» (*Fordærvethed*). Este término, por cierto, lo usa en algunas ocasiones con un fuerte énfasis moral, como cuando se detiene a escribir sobre la desintegración de la responsabilidad individual mediante la complicidad[198]. En otros casos, en cambio, la desintegración es analizada en términos más amplios, incluyendo fenómenos políticos o filosóficos. Diagnósticos similares, por cierto, se encuentran en muchos de sus contemporáneos[199]. Pero en Kierkegaard la dirección hacia la salud es precisamente la dirección hacia la subjetividad. Es decir, si bien Kierkegaard concede que «la subjetividad aislada, como es entendida hoy, es mala, debe decirse que la restauración a la salud por medio de la objetividad no es un ápice

---

[194] SKS 7, 191.
[195] SKS 7, 184.
[196] SKS 7, 39.
[197] Para una exposición general de la epistemología de Kierkegaard puede verse Piety, M. G. *Ways of Knowing. Kierkegaard's Pluralist Epistemology* Baylor University Press, Waco, 2010.
[198] NB15:82 / SKS 23, 56.
[199] Kierkegaard los nombra en NB15:71 / SKS 23, 49-50.

mejor. La subjetividad misma es el camino de salvación —esto es, Dios, como la subjetividad infinitamente irresistible»[200].

El llamado es pues al cultivo de determinado tipo de subjetividad, y desde ahí se está criticando tanto el subjetivismo como cierto tipo de objetivismo. ¿Pero en qué consistiría este último? Cuando Kierkegaard está hablando de conocimiento objetivo, son realidades distintas las que pueden estar siendo designadas. En algunas ocasiones la objetividad designa lo que hoy en general llamaríamos conocimiento científico, en particular las matemáticas y las distintas ciencias de la naturaleza. En otras ocasiones, conocimiento objetivo es un modo de designar el conocimiento histórico, en particular el conocimiento histórico sobre la revelación y su transmisión. Así, el *Postscriptum*, dedicado principalmente al conocimiento subjetivo, parte con una breve sección sobre el conocimiento objetivo, esto es, una sección sobre el canon bíblico y asuntos relacionados. La relación de Kierkegaard con dicho conocimiento histórico es problemática. Pues si bien se apura en afirmar que la investigación histórica y filológica sobre el origen del cristianismo «están en su derecho», su preocupación es que dicha investigción parecería nunca poder dar conocimiento definitivo —cualquier coma que cambie en la siguiente investigación podría echar todo por la borda[201]. La historia sólo daría aproximaciones[202]. Parece claro cuál es el problema que Climacus está detectando aquí: la convicción religiosa está dispuesta a darlo todo, a entregar la propia vida; que una convicción tal esté fundada no en algo eterno, sino en hechos que además de contingentes sólo son accesibles por la frágil investigación histórica —eso ciertamente parece ser un problema. En un sentido parece pues tener razón: no existe una cuota tal de conocimiento objetivo, que sea capaz de producir fe. Es más, Kierkegaard—Climacus tiene razón en ser muy enfático al respecto, en no querer dejar la posibilidad de fe del hombre común a merced de los interminables debates académicos: *ars longa vita brevis*. Pero de ahí no se sigue la tesis más fuerte que Climacus parece soste-

---

[200] NB 15:71.
[201] SKS 7, 32.
[202] SKS 7, 30.

ner, esto es, que el conocimiento histórico sea totalmente irrelevante para la fe[203]. Kierkegaard parece estar aquí preocupado por salvaguardar algo importante, y se puede compartir su inquietud; con todo, el modo en que plantea la cuestión, volviendo del todo insignificante el conocimiento histórico, parece acrecentar los problemas.

Si dirigimos ahora la mirada al campo de las ciencias naturales, hay que resaltar que Kierkegaard está lejos de ser un escéptico respecto del conocimiento ahí alcanzado. Pero sí es escéptico respecto del lugar de las ciencias en la vida moderna. Así, en ocasiones habla de que la tendencia actual sería la de reemplazar a la religión por la ciencia natural[204], y si bien no realiza una crítica a la ciencia misma, se pregunta si acaso el masificado interés científico no será un tipo de evasión del deber ético[205]. Kierkegaard parece además creer que con toda la abnegación y sacrificio que este tipo de investigación puede requerir, estamos ante campos de la realidad que nunca van a implicar un «interés» del científico en el sentido más fuerte de la expresión. La falta de «interés» quiere aquí decir que en la investigación objetiva el investigador de algún modo se pierde a sí mismo, de modo que la pregunta por sí mismo, por su eterna felicidad, no es siquiera capaz de ser planteada. Pero conviene notar, y enfatizarlo, que esta es una crítica que está lejos de ser limitada a quienes cultivan la ciencia natural; de hecho, el objeto principal de la crítica de Kierkegaard son ciertos filósofos. *Videskabelig*, como hemos antes señalado, es un término que se traduce más adecuadamente como «académico» que como «científico» (al menos si se atiende al restringido sentido que se le suele dar a esta palabra en nuestra lengua).

En cambio, cuando la crítica se dirige no al conjunto de lo académico, sino más restringidamente a la ciencia natural, rara vez es una crítica a la ciencia a secas, sino más bien a la ciencia aplicada, a la técnica. En varias ocasiones, en efecto, Kierkegaard critica este

---

[203] Al respecto véase la ponderada discusión de Evans, C. Stephen. «The Relevance of Historical Evidence for Christian Faith: A Critique of a Kierkegaardian View» en Evans, *Kierkegaard on Faith and the Self*.
[204] NB15:33 / SKS 23, 27.
[205] NB:70 SKS 20, 61-62.

rasgo fundamental de la ciencia moderna, su búsqueda de dominio del mundo, la reducción de todo a criterios de utilidad, de un modo que hasta los niños al familiarizarse con algo llegan a plantear como primera pregunta «¿para qué sirve?»[206] Pero cabe notar que tal visión crítica de la técnica es perfectamente compatible con una visión de firme aprecio por la ciencia, esto es, precisamente de una ciencia no dispuesta a tal transgresión, no definida por el dominio sobre la naturaleza. Ya en sus más tempranos diarios Kierkegaard muestra aprecio por tal «ciencia de la naturaleza» que produce en el hombre alegría, sin ver «sólo el provecho que puede sacar de ella (porque eso es algo totalmente subordinado)»[207]. Tal ciencia Kierkegaard la describe como un «hablar con plantas y animales», comparable a la actitud de Adán al acercarse a los animales para darles nombre[208]. Claramente para Kierkegaard resulta concebible una ciencia que no se rija por criterios de dominio y utilidad; si Adán en su estado de integridad es puesto como ejemplo de la misma, cabe también suponer que tal ciencia tampoco adolecería de la falta de «interés» que Kierkegaard atribuye al «conocimiento objetivo» de la modernidad.

Las críticas que suele plantear a la ciencia son pues críticas circunstanciales, pero se trata de una circunstancia no menor: el proyecto moderno. Ahora bien, si lo que Kierkegaard rechaza en dicho proyecto es la sujeción de todo a criterios de utilidad, eso significa que está en una lucha por reestablecer la primacía de la pregunta por la verdad. ¿Pero qué busca entonces el proyecto del *Postscriptum*, con su afirmación de que «la subjetividad es la verdad»? Lo defendido bajo tal frase parece ser lo siguiente. Se trata aquí de captar lo característico del conocimiento práctico (es decir, el que Climacus llamaría «ético—religioso»), en contraste con el conocimiento teórico. Para explicar su posición, Climacus narra la historia de un loco que, habiendo dejado el manicomio, camina con una piedra en su bolsillo, con el propósito de que ésta le golpee los testículos, recordándole mediante tal golpe el deber de afirmar que la tierra es redonda (una

---

[206] AA:12 / SKS 17, 30.
[207] Papir 32 / SKS 27, 85.
[208] Papir 32 / SKS 27, 85.

verdad objetiva que probaría su corduda). De este modo, cuando ve a sus amigos, que se preguntarán si acaso está loco, comienza a caminar de un lado a otro, recibiendo el golpe que le recuerda el deber de afirmar una y otra vez que «la tierra es redonda»[209]. El punto de esta ridícula historia es mostrar que la repetición de una verdad objetiva permite en este caso más bien confirmar que tenemos por delante a un loco. A este tipo de conocimiento Climacus opone el conocimiento «esencial», que es uno para el cual la relación con la propia existencia sea constitutiva. «La subjetividad es la verdad» significa que no tiene sentido contentarse con la enunciación objetiva que profiere el mencionado loco.

La verdad buscada es pues un «conocimiento esencial». Pero con el requisito necesario para ser conocimiento esencial sólo cumplen según Climacus «el conocimiento ético y el conocimiento ético—religioso»[210]. Esta oposición entre el conocimiento objetivo y el conocimiento práctico, ético—religioso o esencial, lejos de representar algún subjetivismo, parece más bien recordar modelos de la filosofía antigua en los que se reconoce la existencia de la verdad tanto en el campo teórico como en el práctico, pero acentuando los distintos métodos de cada conocimiento, así como su distinta relación con la propia emoción o la propia virtud. Es más, en el *Postscriptum* el vínculo con la tradición antigua es explícito, precisamente porque en la Antigüedad la filosofía nace no sólo como una disciplina académica, sino como un género de vida: ahí un pensador «no era alguien que produce obras de arte, sino que era él mismo una obra de arte existente»[211]. El «pensador subjetivo», al cual Climacus dedica aquí varias páginas, es pues alguien dedicado a mantener abiertas las preguntas esencialmente humanas. Es alguien que «se transforma en instrumento que expresa de modo claro y definitivo en la existencia lo esencialmente humano»[212]. Ahora bien, no se puede decir que Kierkegaard esté simplemente revitalizando una posición antigua. En primer lugar, porque la posición de Kierkegaard surge de la con-

---

[209] SKS 7, 178-179.
[210] SKS 7, 181.
[211] SKS 7, 276.
[212] SKS 7, 325.

ciencia de que en el mundo contemporáneo el problema ha adquirido dimensiones especiales: «la cantidad de conocimientos ha hecho que en nuestro tiempo se olvide qué es existir»[213]. Pero además, porque precisamente el conocimiento de Dios, y no de uno mismo, ha pasado a ser el conocimiento «práctico» o «subjetivo» por excelencia. Pero eso muestra precisamente cómo este tipo de tesis se encuentran conectadas con el proyecto más general de Climacus: se está trabajando sobre un marco distinto de las grandes líneas del pensamiento moderno, dentro de un marco que podríamos calificar como antiguo o socrático, pero al mismo tiempo se está preguntando si hay un sentido en que se debe ir más allá de Sócrates.

5. *«La enfermedad mortal»*

Desesperación y pecado

La tarea del «pensador subjetivo», la tarea de plantear y mantener abiertas las preguntas humanas fundamentales, la acomete no sólo el pseudónimo Johannes Climacus, sino también su aparente opuesto, Anti—Climacus. En 1847 aparece en los papeles de Kierkegaard la primera mención del proyecto que acabaría siendo *La enfermedad mortal*, obra que lleva a Anti—Climacus por autor, pero a Kierkegaard como editor. Si se compara con la velocidad de Kierkegaard en la redacción del resto de sus escritos, esta obra toma cierto tiempo. En 1848 la única publicación son sus *Discursos cristianos*, y seguramente puso gran esfuerzo durante dicho año en la redacción de *El punto de vista*, que no publicó. Recién en julio de 1849, por tanto, *La enfermedad mortal* es entregada a la imprenta. Pero el resultado es sorprendente, y el mismo Kierkegaard lo reconoce escribiendo en sus diarios que «me ha sido concedido iluminar el cristianismo en una medida que jamás habría imaginado. Categorías fundamentales son sacadas a luz»[214].

---

213 SKS 7, 226.
214 NB 10:69 / SKS 21, 294.

Traducciones a diversos idiomas le han añadido a esta obra subtítulos como «de la desesperación y el pecado». En nuestra lengua incluso ha circulado con el título *Tratado de la desesperación*. En contraste con esas referencias a la desesperación cabe notar que el subtítulo que el propio Kierkegaard pone a su libro es «una exposición cristiano—psicológica para edificación y despertamiento». Mientras que *Tratado de la desesperación* es un título que evoca la pretendida continuidad entre Kierkegaard y el existencialismo del siglo XX, un tratado «para edificación y despertamiento» evoca más bien la continuidad entre este libro y la propia producción kierkegaardiana, ciertamente un prisma más seguro para interpretar el texto. Como hemos visto, es un texto firmado por el pseudónimo Anti—Climacus, que según Kierkegaard se encuentra por sobre él mismo: es un autor que escribe sobre el ideal cristiano como si él mismo correspondiera al ideal, sin la distancia humorística respecto del mismo que podría tener el propio Kierkegaard. La obra comienza haciendo algunas afirmaciones sobre lo que es un conocimiento cristiano. A algunos, dice, su libro les parecerá demasiado estricto como para ser edificante; a otros, demasiado edificante como para haber sido estricto o «académico». A ambos responde que un conocimiento cristiano «sea lo rigurosa que quiera su forma de expresarse, ha de ser en sí mismo algo preocupado», ha de ser como una conversación de un médico con un enfermo. Ha de ser algo preocupado y riguroso por parte del médico, y ha de ser, por parte del paciente, algo preocupado en el sentido de concentrado (en contraste con una «curiosidad inhumana» por lo psicológicamente «interesante»). Con todo, su advertencia sobre el hecho de que el libro puede parecer demasiado estricto es justificada, pues las primeras líneas parecen introducirnos en un denso texto filosófico, y muchos lectores podrían a primera vista tener problemas para ver qué relación guardan esas primeras líneas con la edificación; si de algo desesperan, es de entender a Kierkegaard.

Con todo, no es totalmente descaminado el esfuerzo de quienes han reemplazado el subtítulo original por uno que incluya la palabra desesperación: es una obra sobre la desesperación o, más bien, sobre la desesperación y el pecado. ¿Van éstos necesariamente de la mano? Quien hoy se dedica a la historia de la psicología, queriendo averiguar qué habría dicho un autor antiguo sobre lo que hoy llamamos depresión, no se dirige para eso a obras de psicología, sino a catálogos de pecados, que es donde se encontraba reflexión sobre la acedia o melancolía, que era contada entre los pecados capitales. Podríamos considerar *La enfermedad mortal* como un intento por ofrecer una reflexión renovada al respecto. En Kierkegaard no tenemos esa identificación expresa de la desesperación como el pecado capital, pero sí se trata de una obra que trata conjuntamente ambos fenómenos: es una obra sobre la desesperación, pero es también el texto de Kierkegaard que más detenidamente se ocupa de la naturaleza del pecado. Cuando Kierkegaard, en la primera parte del libro, intenta convencernos de la «universalidad de la desesperación», del hecho de que todos, lo sepamos o no, estamos desesperados, lo que implícitamente está introduciendo es, pues, la universalidad del pecado, al cual dedica la segunda mitad de la obra. Podemos, por tanto, cómodamente seguir la división de Kierkegaard, y tratar en primer lugar la desesperación en general, y luego en su forma especial que llamamos pecado.

La desesperación: anímica, espiritual y fundamental

Sin duda es falsa la imagen de Kierkegaard que lo reduce a un pensador obsesivamente ocupado de la angustia. Pero no es menos cierto que es un tema constante en su obra. ¿Cómo la enfrenta? En *El concepto de la angustia* ya había tomado distancia de quienes buscan solucionar el problema humano simplemente *mit Pulver und mit Pillen* (con polvos y pastillas)[215]. ¿Se trata entonces de alguien que mira con desdén la psicología o la psiquiatría? ¿Se trata de alguien que no ve lugar alguno para los aspectos físicos de la enfermedad? A la primera pregunta es fácil responder: estas disciplinas no existían en el tiempo de Kierkegaard de la manera en que existen hoy, pero el mismo Kierkegaard presenta varias de sus obras como tratados de psicología. Así ocurre con *El concepto de la angustia* y con *La enfermedad mortal*, pero también con *La repetición*, subtitulada «un ensa-

---

[215] SKS 4, 423. Kierkegaard deja esta expresión en alemán.

yo de psicología experimental». Tampoco es que despreciara los aspectos físicos de la enfermedad humana, de esos que se tratan «con polvos y pastillas». Pero, incluyendo eso en su reflexión, buscaba una cura más radical. Una cura más radical, precisamente porque la enfermedad, como lo indica el título de la obra más madura, es mortal: y una enfermedad verdaderamente mortal tiene que ser algo relacionado con la raíz del hombre, no meramente con una constitución psicológica más o menos enfermiza. Pastillas, además, es algo que sólo algunas personas llegan a necesitar, mientras que Kierkegaard está hablando de algo que considera presente en todos nosotros[216].

La universalidad de la enfermedad es, de hecho, uno de los primeros puntos que discute: que la enfermedad, la desesperación, repentinamente aparezca, sólo muestra que ya estaba ahí. La idea fundamental detrás de esa afirmación es sencilla, que si bien en el cuerpo existe algo así como «salud inmediata», de modo que hablamos de crisis recién cuando entra en escena la enfermedad, en el espíritu no hay tal inmediatez, de modo que «tanto la salud como la enfermedad son críticas»[217]. Inmediatez podría haber a nivel corporal, o también a nivel anímico, como «en una muchacha en flor, rebosante de paz, armonía y gozo»[218]; pero, según Kierkegaard, también en ese tipo de salud anímica, hay desesperación espiritual. Ahora bien, entender qué quiere decir eso, sólo es posible si hacemos el esfuerzo por entender antes algo más de la antropología de Kierkegaard, si hacemos el esfuerzo por comprender cómo está entendiendo en afirmaciones como ésta la distinción entre lo anímico y lo espiritual, entre alma y espíritu. En cierto sentido, aquí se encuentra la clave para toda la obra. Cerca del comienzo de la misma, ofrece una muy fuertemente sintetizada explicación de la estructura del hombre, y comprender dicho breve pasaje es capital para poder seguirlo a lo largo de este libro. Con algo de esfuerzo —recordando que la obra se inicia haciendo

---

[216] Para un intento por volver a Kierkegaard relevante para el trabajo de psicólogos y para la consejería en general, véase Evans, C. Stephen. *Søren Kierkegaard's Christian Psychology: Insight for Counseling and Pastoral Care* Regent College Publishing, Vancouver, 1995.
[217] SKS 11, 141.
[218] SKS 11, 141.

notar que cree compatible la rigurosidad y la edificación— dirijamos pues la mirada a esas líneas, que han sido descritas como «lo más pedante y abiertamente confuso de toda su obra»[219]:

> El hombre es espíritu. Pero, ¿qué es el espíritu? El espíritu es el yo. Pero ¿qué es el yo? El yo es una relación que se relaciona consigo misma, o es lo que en la relación hace que ésta se relacione consigo misma. [...] El hombre es una síntesis de infinitud y finitud, de lo temporal y lo eterno, de libertad y necesidad. [...] El hombre, considerado de esta manera, no es todavía un yo. [...] Si la relación se relaciona consigo misma, la relación es un tercer elemento [que se añade a los dos elementos de la síntesis], y entonces es un yo. Una tal relación que se relaciona consigo misma —es decir, un yo— tiene que haberse puesto a sí misma o haber sido puesta por otro. [...] Una relación así derivada y puesta es el yo del hombre; una relación que se relaciona consigo misma y que en tanto se relaciona consigo misma está relacionándose con otro[220].

¿Será verdad que en toda la obra de Kierkegaard no hay nada más difícil que esto? Mi impresión es que la dificultad de este texto es sólo aparente, y que comprenderlo bien nos permitirá un claro acceso a todos los tipos de desesperación que Kierkegaard comenta en su obra. Después de todo, hemos visto que Kierkegaard celebra el haber introducido aquí «categorías fundamentales», y por tanto hay que intentar entenderlas antes de lanzarnos a ver la profundidad psicológica de tal o cual pasaje del libro. El párrafo que he citado busca presentarnos al ser humano desde tres ángulos distintos. En primer lugar, Kierkegaard nos dice que el hombre es una relación de ciertos polos opuestos, como necesidad—libertad, finitud—infinitud; en ese sentido el hombre es «una relación» o una síntesis. En segundo lugar, nos está diciendo que no somos simplemente una síntesis, sino una síntesis consciente de sí misma, capaz de distintos grados de autoconciencia o relación consigo misma. Entonces

---

[219] Burns, Michael O'Neill. «The Self and Society in Kierkegaard's Anti—Climacus Writings» en *The Heythrop Journal* 51, 2010. pág. 625.
[220] SKS 11, 129.

somos «una relación que se relaciona consigo misma». Pero además somos una relación que no se creó a sí misma, sino que fue «puesta» o «fundada» por alguien. También con quien nos «fundó» uno puede relacionarse. Entonces somos «una relación que se relaciona consigo misma y que en tanto se relaciona consigo misma está relacionándose con otro».

Si entendemos esta tripartición del hombre, como síntesis, síntesis que se relaciona consigo misma, y que se relaciona con su fundamento, este libro de Kierkegaard se nos abre como una exposición muy claramente ordenada. Pues lo que Kierkegaard hará en él es describir todos los tipos posibles de desesperación que hay en cada uno de estos tres niveles: tipos de desesperación al nivel de la síntesis, otros al nivel de la autorrelación y otros, finalmente, en la relación con el fundamento. Uno podría jugar aquí con distintos nombres, y hablar de una desesperación puramente anímica, otra espiritual, otra religiosa, según la desesperación esté en uno u otro de los niveles del yo. De hecho, esta tripartición en ciertos sentidos se corresponde con la clásica doctrina kierkegaardiana que clasifica a los hombres según llevan un género de vida estético, ético o religioso. Cosa inusual en Kierkegaard, en este caso incluso el índice de su libro —que disciplinadamente sigue los distintos niveles de desesperación— puede ayudar en la lectura.

Abordando el texto de este modo, también cabría llamar «fundamental» al tercer tipo de desesperación, por cuanto es una que nace de una fallida relación con el poder que nos fundamenta. Que Kierkegaard considera ésta como la desesperación fundamental queda claro en lo que considera la fórmula de la salud. Porque un yo del que ha sido eliminada la desesperación es uno que Kierkegaard desde el comienzo de su obra describe como uno que «al autorrelacionarse y querer ser sí mismo, se fundamenta de modo transparente en el Poder que lo ha puesto»[221]. Esta fórmula, aclara más adelante, es también la fórmula de la fe. Pero además queda claro por el hecho de que esta forma de desesperación se introduce en cada uno de los restantes niveles. Así, por ejemplo, quienes tienen un desequili-

---

[221] SKS 11, 130.

brio entre necesidad y posibilidad —esto es, un desequilibrio a nivel de la síntesis, una desesperación «anímica»— son descritos por Kierkegaard como personas que no han comprendido que para Dios todo es posible. Apenas podría ser más clara la conexión entre los distintos niveles de la desesperación. Así, a pesar de las hostiles palabras que también esta obra parece tener respecto de la apologética, se puede decir que desde el comienzo estamos precisamente ante un intento de defensa de la fe: todo lo que dice en los capítulos más psicológicos está escrito desde la perspectiva de un convencido y explícito autor cristiano; en ese sentido, si las descripciones que hace de los distintos tipos de desesperación son acertadas, eso ya constituye un argumento indirecto a favor del cristianismo y una puerta de entrada a la última sección.

Desequilibrio en la síntesis

Si miramos en primer lugar la existencia humana en su nivel anímico —en el estricto sentido de lo que corresponde al alma, no al estado de ánimo— el párrafo inicial nos ha presentado al hombre como una síntesis de libertad y necesidad, de lo infinito y lo finito. Cabe, pues, desesperar por falta de cualquiera de estos componentes, esto es, padeciendo una desesperación fatalista o, en otro extremo, una desesperación vertiginosa o de ensueño. Veamos, en primer lugar, este último caso. Bajo el título de «carencia de finitud» y «carencia de necesidad» Kierkegaard trata una amplia serie de fenómenos como «el extravío del deseo y la nostalgia» y «la melancolía imaginativa»[222]. Al desesperado con este tipo de patologías lo describe como alguien que padece un predominio de «lo fantástico». Con esta expresión Kierkegaard designa «aquello que transporta al hombre de tal manera hacia lo infinito, que sólo lo aleja de sí mismo y le impide volver»[223]. Pero eso, según nuestro autor, nos puede ocurrir en relación a cada una de las facultades humanas: podemos volvernos «fantásticos» en el sentimiento, en la voluntad o en la razón. Esto arroja a su vez tres distintos tipos de desequilibrio. Así, cuando

---

[222] SKS 11, 153.
[223] SKS 11, 147.

el sentimiento de alguien carece de finitud, «se va evaporando poco a poco, hasta no ser al final más que una especie de sensibilidad impersonal» que se duele, por ejemplo, por «la humanidad»[224]. De modo análogo se puede tornar fantástico el conocimiento, cuando se acumula de modo enciclopédico conocimiento objetivo, de un modo tal que el avance en el conocimiento no implica avance alguno en el conocimiento de sí mismo[225]. Ahora bien, cualquiera puede coincidir con Kierkegaard en considerar que esto es un problema, que requerimos anclar el horizonte infinito del hombre en el lado finito de la síntesis; pero también quien coincida en rechazar el sentimentalismo vaporoso o el enciclopedismo sin autoconocimiento, puede verse extrañado por el hecho de que Kierkegaard describe estos fenómenos como desesperación. Cabe ante eso recordar que no estamos aún explorando el problema a nivel de la autoconciencia, que es donde nosotros acostumbraríamos introducir la desesperación. Desesperación quiere pues aquí decir tanto como desequilibrio. Un desequilibrio no tiene por qué ser algo deprimente. El hombre que posee una voluntad «fantástica», que abraza mil proyectos y recorre todas las rutas de la posibilidad sin ser capaz de abordar las tareas del aquí y el ahora, éste ciertamente posee un desequilibrio, pero su ensueño no se corresponde necesariamente con un estado de ánimo que calificaríamos como desesperado.

Sin embargo, nos empezamos a acercar a dicho estado de ánimo al tratar el desequilibrio en la dirección opuesta, donde hay «desesperada limitación y estrechez». También hay aquí desesperaciones que usualmente no llamaríamos desesperación, por ejemplo la de quien sólo vive como un número. Quien vive así, se encuentra reducido a su condición finita, borrada de su vida la infinitud. Puede sonar extraño si a tal desequilibrio lo llamamos desesperación. Pero Kierkegaard lo reconoce por fenómenos como la incapacidad de arriesgarse. El riesgo implica la posesión de un yo en virtud del cual correr el riesgo; pero la existencia de tal yo presupone un equilibrio tal que la infinitud esté presente en la vida del hombre. Quien nun-

---

[224] SKS 11, 147.
[225] SKS 11, 147.

ca se arriesga dice con eso algo significativo sobre sí mismo, aunque sea un decir silencioso. Mucho más explícitamente desesperado, en cambio, está quien no sólo carece de ese elemento de infinitud, sino también de lo que Kierkegaard llama aquí «posibilidad». «Que nos falte posibilidad significa que todo se nos ha vuelto necesario o que todo se ha vuelto trivialidad»[226]. Siguiendo la lógica detallada de este escrito, Kierkegaard desglosa, en efecto, este desequilibrio en esas dos variantes, de modo que por una parte tenemos al fatalista, para el que todo es necesario y, por otro lado, la trivialidad. Esta última tiene un sucedáneo de la posibilidad, lo que llama la «probabilidad», aquello que a la luz de un «conjunto banal de experiencias» parece poder ocurrir[227]. El trivial pequeñoburgués tiene así en común con el fatalista el haber perdido a Dios, sólo que el fatalista lo pierde más explícitamente. Pues como ya hemos mencionado, la batalla decisiva se libra para Kierkegaard en torno al hecho de que para Dios todo es posible[228]. Salta pues a la vista que lo que inicialmente se presenta como un simple análisis del hombre en cuanto es una síntesis, implica para Kierkegaard un lidiar desde el comienzo con la relación que esta síntesis tiene con su Fundamento.

Autorelación/autoconciencia

El hombre es «una relación que se relaciona consigo misma». Así continúa el denso párrafo inicial. Esto podría significar varias cosas, como por ejemplo que el hombre sea un ser esencialmente solo, que no sea fundamental para su constitución la relación con otros. Pero desde luego lo que Kierkegaard está afirmando es lo opuesto; o bien, cabría decir que está intentando hacer algo más radical que simplemente afirmar lo opuesto de la posición individualista: está afirmando que la desesperación es la ruptura de una relación, pero no sólo de la relación con otros, sino también ruptura de la relación con Dios y con nosotros mismos. Pero esta relación con uno mismo es distinta de la relación entre los elementos que

---

[226] SKS 11, 155.
[227] SKS 11, 156.
[228] SKS 11, 153.

nos componen, relación a la que acabamos de atender. Es distinta porque implica autoconciencia; es por la existencia de ésta, recordemos, que Anti—Climacus describe al yo como «espíritu». Cada uno de los desequilibrios al nivel de la síntesis que hemos mencionado antes, puede ser vivido con distinto nivel de autoconciencia: desde el hombre casi totalmente inconsciente hasta un hiperconsciente ser espiritual (que es como debemos entender al demonio). Alguien podría ser bastante superficial, es decir, salir bastante mal evaluado al nivel de la autoconciencia, y al mismo tiempo ser alguien bastante equilibrado al nivel de la síntesis. Me parece que Kierkegaard se mostraría abierto a eso, a que estemos mejor en uno de estos tres niveles que en otro; pero al mismo tiempo afirmaría que el estar mal en uno siempre repercute de algún modo en los otros: también la salud anímica requiere un afirmarse en el fundamento, y eso requiere algún tipo de autoconciencia.

¿Cuáles son las clasificaciones que hace Kierkegaard en este nivel? Existe por supuesto algo así como un existir «falto de espíritu». Esta es la forma más frecuente de desesperación en el mundo, afirma, y también en el paganismo intracristiano[229]. Pero también esto, que parece inconsciente y por tanto involuntario, es algo en lo que Kierkegaard introduce grados y la posibilidad de mayor culpa. Así, por ejemplo, en una alusión a su temprana obra sobre *El concepto de la angustia*, lo expresa diciendo que hay que distinguir entre una «falta de espíritu que va en dirección al espíritu» (propia del paganismo) y una «falta de espíritu que viene de regreso del espíritu» (propia del cristianismo repaganizado)[230]. La «falta de espíritu» actual, que viene «de regreso», naturalmente parece ser más culpable, aunque cuesta entender qué significa «culpable» si la falta de espíritu es total y literal.

Pero ¿qué ocurre ahí donde se introduce algo de conciencia? Kierkegaard divide esto en dos niveles, la desesperación del que no quiere ser sí mismo (debilidad) y la del que quiere ser sí mismo (obstinación). El débil, el que no quiere ser sí mismo, puede pasar por variantes muy distintas. Lo más ridículo es el caso del que quie-

---

[229] SKS 11, 160.
[230] SKS 11, 161-162.

re ser otro, como si el cambiar de yo fuera como cambiar de ropa. Algo mejor —pero no mucho mejor— se encuentra quien no quiere ser otro, pero tampoco quiere ser sí mismo. Esto puede tener una forma pasiva, como cuando a alguien simplemente le pasan cosas que le molestan y eso lo lleva a desesperar: ha puesto su vida en algo terrenal, le es arrebatado, desespera. A este hombre «le pasa» que desespera. Lo que le pasa lo lleva a la desesperación consistente en no querer ser quien es.

Levemente más activo es el caso de quien en lugar de desesperar *de* debilidad, porque le ocurre algo, desespera *por* la debilidad, por su propia debilidad: éste hombre ya no está desesperando por algo terrenal, sino por algo eterno, su propio yo[231]. Ésta es una desesperación activa: se comprende que se tiene un yo eterno, pero no se quiere que sea débil; esta desesperación no viene de las cosas, viene del yo. Kierkegaard da un nombre especial a esta forma de desesperación, que considera la menos común: hermetismo. El hombre hermético que describe Kierkegaard sabe burlarse de los tipos inferiores de desesperación: de los superficiales, de la masa, de los que considera imbéciles. Que lo suyo sigue siendo un tipo de soberbia aunque desespere por debilidad, eso es lo que el hermético no puede ver.

Pero con esto no están agotadas las formas de desequilibrio en la autorelación. Pues si bien el segundo tipo que hemos considerado es activo, es la variante activa del no querer ser sí mismo. Queda aún todo lo contenido en la segunda forma, la de una desesperación consistente en querer ser sí mismo. El trayecto que hemos recorrido es el tránsito hacia una mayor conciencia, pero, como se ha podido ver, también el tránsito desde formas pasivas a formas más activas de desesperación. El último paso une una más completa conciencia y un carácter más activo, «consciente de ser un acto y no algo proveniente de fuera y que se padece». Su actividad es una autoafirmación desafiante, «desligando al yo de cualquier relación con el Poder que lo puso, o desligándolo de la idea de que tal Poder exista»[232]. Es bajo esa premisa que nuestro actual desesperado decide disponer de sí mis-

---

[231] SKS 11, 175.
[232] SKS 11, 181-182.

mo, ser su propio creador, haciendo de sí mismo lo que quiere ser. También en esta forma de desesperación hay por supuesto un tronco común y luego una diversificación en caminos aparentemente opuestos. El tronco común puede ser descrito de modo sencillo: como desesperación del que activamente se levanta contra Dios, negando su existencia o no queriendo tener nada que ver con Él, esta forma de desesperación es la del que afirma su autonomía. Kierkegaard lo explica recurriendo a una escuela filosófica antigua, el estoicismo, y cabe notar que en eso no está sólo: ya Agustín de Hipona, en más de una ocasión, intenta describir el afán humano por autonomía mediante alusiones a los estoicos. El tono de la crítica kierkegaardiana es en muchos sentidos similar al de Agustín, con los estoicos retratados como esmerándose por «construir su yo de raíz», «disponer de sí mismos», «querer ser sus propios creadores». Pero también este tronco tiene formas distintas, y lo principal que encontramos aquí es la subdivisión entre la autoafirmación con pretensiones de perfección o grandeza, y la autoafirmación en la propia miseria. El primero de estos caminos es descrito por Kierkegaard centrándose en la relación experimental que la persona pasa a tener con su propia vida. Este tipo de desesperado es descrito como un «yo hipotético» o «experimental». «Nuestro hombre no quiere revestirse con su propio yo, ni tampoco ve su tarea como relacionada con el yo que le ha sido dado, sino que personalmente quiere construirlo de raíz»[233]. La idea de Kierkegaard parece ser la siguiente: el hombre que se reconoce como creado ve que con eso ha recibido una tarea, una «tarea relacionada con el yo que se le ha dado»[234]; pero quien se concibe como participando de un proceso de autocreación, aunque parece tener en frente una tarea mucho más grande, en realidad tiene una que no cabe describir en el mismo sentido como «tarea», sino más bien como experimento. Así, Kierkegaard describe a esta especie de hombre caracterizándolo por su falta de seriedad. Quien actúa como creándose a sí mismo por supuesto tiene una significativa apariencia de seriedad, pero «le falta en última instancia la debida seriedad» que sólo es po-

---

[233] SKS 11, 182.
[234] SKS 11, 182.

sible por la conciencia de estar actuando ante Dios[235]. En el caso del desesperado «experimental», tal conciencia no puede darse, pues él mismo le quita a Dios ese sitial: actúo no en presencia de Dios, sino ante mí mismo, de quien soy experimento.

Sin embargo, resulta llamativo que no sea ésta para Kierkegaard la forma más grave de la desesperación. El peor de estos casos es el de quien quiere ser sí mismo pero sin las pretensiones de perfección del estoico, sino aferrándose a la propia miseria. Este desesperado reconoce que tiene una cruz, pero no quiere ser librado de ella. Más bien levanta tal miseria como testimonio contra el mundo, para mostrar que la realidad es un fracaso. Es la actitud del que no quiere recibir ayuda incondicionalmente, sino que prefiere ser sí mismo odiando la existencia. Si la forma más inferior de desesperación es no querer ser sí mismo, la más potenciada, demoníaca, es este querer ser sí mismo que al mismo tiempo no quiere la propia perfección, perfección que —aunque sea de un modo engreído y autodiviniza-dor— el estoico sí quiere. Cabe destacar esto en el contexto de la imagen de Kierkegaard como un autor sombrío que sólo acentúa el carácter pecaminoso del hombre. Desde luego hay un sentido en que esto es verdad, pero precisamente un sentido positivo: Kierkegaard es alguien consciente de tal pecaminosidad, y en una obra dedicada a la misma hace su mayor esfuerzo por mostrar eso en todas sus variedades. Pero hay que prestar especial atención al hecho de que considere como más demoníaca la desesperación del que quiere aferrarse a su miseria que la del que se adopta a sí mismo como el propio experimento que quiere guiar a la perfección. Pues esto habla de modo elocuente respecto del carácter en último término positivo del proyecto aquí desarrollado. Algo más adelante en el mismo libro, Kierkegaard dirá esto con todas sus letras:

> Con frecuencia se oye que la gente se escandaliza del cristia-
> nismo por ser éste tan oscuro y sombrío, por su enorme rigu-
> rosidad, etc. Ya va siendo hora, por tanto, de decir abiertamen-
> te que en realidad lo que hace que los hombres se escandalicen

---

[235] SKS 11, 182.

del cristianismo es que es demasiado elevado, porque su medida no es una medida humana y, en fin, porque pretende convertir a los hombres en algo tan extraordinario que a éstos no les cabe en la cabeza[236].

Con esto, sin embargo, ya estamos puestos de modo explícito ante la relación con el Fundamento, que nos lleva a la segunda mitad de la obra.

La relación con el Fundamento

El hombre, como desde un comienzo hemos señalado, es más que una autorelación: es una relación que se relaciona consigo misma y que se relaciona con el Otro que «fundó» la relación. Ya al comienzo de su libro Kierkegaard plantea un argumento a favor de la existencia de este tipo de relación: si no existiera algo así como el Poder que nos fundamenta, escribe, sólo existiría la desesperación débil, de no querer ser sí mismo, pero no la otra forma fundamental, la de obstinadamente querer ser sí mismo. Es en esta desafiante forma de autoafirmación que, según afirma, convergen de hecho todas las otras formas de desesperación, y ella parece indicar que hay Alguien ante el cual intentamos afirmarnos. La obstinación, también cuando es un aferrarse a la miseria, parece indicar que nos percibimos como puestos ante Otro.

Pero si uno dirige la mirada a la segunda parte del libro, donde tratará de la relación con Dios, resulta ser de una estructura mucho menos clara que la primera parte. Hay secciones sobre Sócrates, sobre la definición del pecado, sobre la posibilidad del escándalo, etc., y hay que hacerse preguntas sobre qué es lo que ordena estos distintos temas, y cómo se relaciona todo con la primera parte del libro. ¿Entra recién aquí el cristianismo? En la primera parte, la relación con el Poder que nos fundamenta ya había sido caracterizada como una relación de fe; que lo contrario del pecado sea dicha fe, y no la virtud, es una idea que Kierkegaard designa como el «faro lumino-

---

[236] SKS 11, 197.

so» que ha guiado *toda* su investigación[237]; también sobre la necesidad de humillación ya se ha dicho bastante. ¿De qué se trata entonces la segunda parte de la obra, si en la primera ya parecen estar dichas las cosas más importantes para el cristianismo, si ya han sido tocadas la humildad y la fe?

El grueso de est segunda parte puede ser considerado como una discusión sobre el pecado. Es sobre la desesperación vista como pecado. La idea de que seamos todos pecadores tiene que ser aclarada, y eso es lo que Anti—Climacus intenta aquí. La mayoría de las personas tiende naturalmente a reconocer esto, pero en un sentido tan minimizado, que apenas guarda relación con lo que Kierkegaard está diciendo. «Reconocemos» que «no somos perfectos» o que «hemos cometido errores». Esta minimización la atribuye Kierkegaard a un medirnos con vara muy baja. Contra eso se trata de reestablecer la Medida: se trata de hablar del pecado como un actuar delante de Dios: «¿Acaso no es una infinita realidad la que recibe el yo al saber que existe delante de Dios y convertirse así en un yo humano cuya medida es Dios?»[238] Quien se mide con esta medida no se quedará en un tímido «no soy perfecto», sino que se reconocerá como pecador. Esta parte del libro parece pues querer enseñarnos cómo se habla sobre el pecado. Es algo así como una «gramática del pecado»[239]. ¿Pero por qué necesitaríamos de una clase al respecto? Aquí Kierkegaard invierte nuestro modo usual de pensar. Los seres humanos acostumbramos pensar que nosotros hacemos bien el diagnóstico, que diagnosticamos correctamente lo mal que estamos y por qué estamos tan mal, y que sólo nos falta el remedio, de modo que ahí dejamos la puerta abierta a una ayuda desde afuera. Kierkegaard, en cambio, parece estar afirmando que es precisamente el diagnóstico lo que no sabemos hacer. Y así, la primera tesis importante de esta parte del libro es que nos tuvo que ser revelado lo que

---

[237] SKS 11, 196.

[238] SKS 11, 193.

[239] Sigo en esto la lectura de Roberts, Robert C. «The Grammar of Sin and the Conceptual Unity of the Sickness Unto Death» en Perkins, Robert (ed.) *Sickness Unto Death* (International Kierkegaard Commentary 19) Mercer University Press, Macon, 2002.

era el pecado[240]. Lejos de avanzar rápidamente a la doctrina de la reconciliación o de la encarnación como si sólo eso fuese lo específicamente cristiano —tesis que Kierkegaard menciona como «superficial»— se trata de que primero aprendamos algo sobre nuestro estado. Kierkegaard nos está recordando que el concepto de pecado es un concepto resbaladizo, que cuando empezamos a usarlo se nos puede fácilmente resbalar llevando a que hagamos un uso subcristiano del mismo.

¿Pero qué quiere decir que nos haya tenido que ser revelado lo que es el pecado? Chesterton, hablando desde el catolicismo, escribe que, muy por el contrario, el pecado original es la única doctrina cristiana que puede ser demostrada. Sería precisamente el tipo de doctrina que no requiere ser revelada, pues la maldad del hombre es el punto de partida «de los más fuertes santos y de los más fuertes escépticos»[241]. Afirmaciones como ésta le recuerdan a los protestantes que también entre los católicos —si Chesterton es representativo— hay una conciencia viva de la condición caída del hombre. Pero —si Kierkegaard es representativo del protestantismo— parece que desde dicha perspectiva sigue siendo una conciencia insuficiente. Kierkegaard —como cualquier protestante, y como cualquier ser humano— concordaría en que hay cosas que todos sabemos que están mal aunque no haya una revelación especial que nos lo revele. Pero la raíz de ese mal —y la naturaleza última del mismo — la tiene por objeto de revelación. Podría decirse que precisamente ahí se ve la profundidad del mal humano: que ni siquiera de su condición caída el hombre sea capaz de dar cuenta por sí mismo. De modo que Kierkegaard con seguridad no tomaría como una crítica el que se le acuse de «pesimismo antropológico». Tal vez lo recibiría como un elogio y nos recordaría, como a sus contemporáneos, que la encarnación no consiste en que «Dios y el hombre se hubiesen fusionado»[242].

---

[240] SKS 11, 202. Para el trasfondo del siglo XVI véase, por ejemplo, el capítulo sobre el pecado en los *Artículos de Esmalcalda*.
[241] Chesterton, G. K. *Ortodoxia* Porrúa, Ciudad de México, 1998. pág. 9.
[242] SKS 11, 229.

Pero el modo en que él lo expresaría no es «pesimismo», sino «seriedad»: busca una seriedad que sólo cabe tener al entenderse como viviendo «ante Dios». Pero al mismo tiempo podríamos decir que esta categoría —«ante Dios»— opera para Kierkegaard como un principio de individuación: es porque existe esta categoría que puede haber rebelión personal y juicio; y eso desde luego supone una valoración de la persona que no puede ser desechada como simple pesimismo. No estamos pues ante un punto aislado, que pueda ser fácilmente marginado quedándonos con el resto de Kierkegaard. Por el contrario, esta exploración del pecado es esencial para la crítica a la cristiandad (que es precisamente una impropia fusión de la humanidad con lo divino), es esencial para la oposición a la filosofía especulativa, «en cuya cabeza nunca cabrá este enfrentamiento decisivo entre un hombre individual y Dios»[243], y es fundamental también para el modo en que Kierkegaard entiende la apologética cristiana: preservar esta concepción del pecado es lo que preserva la posibilidad del escándalo, de modo que la apologética no acabe aguando el cristianismo.

Esa conjunción de fuerzas nos permite entender el rotundo tono imperativo de esta parte del libro, que reclama porque «ya no hay una sana palabra ética»[244]. Dicho tono ético, por lo demás, está marcadamente dirigido contra existencias que se conciben a sí mismas como «profundas». Kierkegaard habla contra los que se relacionan «con el bien y la verdad a través de la fantasía en vez de ser personalmente buenos y veraces»[245], y tanto más enérgicamente procede contra los que consideran profundo el creer que ellos no pueden ser perdonados. Tal «profundidad» la considera un abuso aventurero «de la idea de Dios, como si no fuera más que otro ingrediente de la importancia humana»[246]. Ahora bien, el rechazo de este tipo de «profundidad» nos recuerda una vez más qué tipo de pensador es Kierkegaard y ante qué género de obra estamos: *La Enfermedad Mortal* no es una obra para fomentar la introspección morbosa de

---

[243] SKS 11, 197.
[244] SKS 11, 226.
[245] SKS 11, 191.
[246] SKS 11, 226-227.

una desesperación cínica, sino una obra que hace un diagnóstico que desde las primeras líneas habla de la salud. Habla de la salud en muy pocas palabras, pero decididas, no tibias. Y tal vez sea intencional la parquedad respecto de la salud: Kierkegaard no nos llama a enredarnos en juegos intelectuales respecto de esto, sino a la decisión, a que «relacionándose consigo mismo y queriendo ser sí mismo, el yo se apoye de modo transparente en el Poder que lo fundamenta».

Bajo el nombre propio. ¿Comunicación directa?

Hemos cerrado un recorrido por algunas de las principales obras que Kierkegaard firmó con pseudónimo. Podría pensarse que nuestro foco en polémica, aclaración y edificación permite una división según tipos de obras: las obras pseudónimas estarían centradas en la polémica y la aclaración, las obras firmadas sin pseudónimo, en tanto, dedicadas a la edificación. Tal división, sin embargo, se topa con obstáculos. En primer lugar, porque entre las obras pseudónimas hay algunas con propósito expreso de edificación, como ocurre con *La enfermedad mortal*, la última de ellas que hemos considerado. En segundo lugar, porque también las obras escritas sin pseudónimo son de tipo muy variado. Se encuentra aquí los textos que se presentan como edificantes en su título, pero se encuentra también los diarios de Kierkegaard, así como sus virulentos ataques a la Iglesia en sus últimos años. Al menos está claro que estos últimos textos, con lo que pudieran tener de edificantes, también son polémicos.

Los textos firmados por Kierkegaard con su propio nombre no se limitan, pues, a lo edificante. ¿Se caracterizan entonces por ser «directos»? En comparación con la producción pseudónima, sin duda. Pero hay que cuidarse de no pensar que todo lo firmado por Kierkegaard con su propio nombre corresponde a una comunicación simplemente directa o siempre igualmente directa. Es muy común, por ejemplo, que los discursos edificantes se encuentren llenos de diálogos entre el orador e interlocutores imaginarios. Así, la multiplicidad de voces se mantiene en casi la totalidad de la producción kierkegaardiana. Pero hay diferencias con la producción pseudónima, por lo que conviene que aquí nos detengamos en algunos escritos firmados por el propio Kierkegaard.

No consideraremos aquí los diarios, ya que hemos hecho referencia a ellos en distintos momentos a lo largo de este libro. Comenzaremos, pues, por una breve consideración de algunos discursos edificantes, atenderemos luego a una reseña literaria —que a la vez contiene su principal pieza de crítica cultural—, atenderemos en tercer lugar a una de las grandes obras edificantes, *Las obras del amor*, para culminar con el «ataque a la cristiandad».

1. Espera, paciencia, lentitud

Lo edificante y lo cristiano, conviene aclarar desde un comienzo, no son equivalentes: «Porque la verdad cristiana, como interioridad, también es edificante, pero de ahí no se sigue que toda verdad edificante sea cristiana; lo edificante es una categoría más amplia»[247]. Hay edificación también en la religiosidad «A», y por eso Kierkegaard explicita por lo general en los mismos títulos cuando sus publicaciones no son algo meramente edificante, sino «discursos cristianos». Cuando nos limitamos a lo meramente edificante, tratamos pues con categorías religiosas más generales, como lo haremos aquí, prestando atención a algunos tempranos discursos sobre la paciencia.

Cómo lidiar con el tiempo: este es un problema que atraviesa toda la obra de Kierkegaard. Como hemos podido ver, las distintas relaciones con el tiempo son de hecho características fundamentales de los distintos estadios de existencia: la dispersión del esteta en instantes y la continuidad de la vida ética son algunos de los rasgos más típicos de estos estudios. Así, no resulta extraño que éste sea uno de los hilos conductores de los discursos edificantes también, muchos de los cuales son invitaciones a la paciencia. Así ocurre, por ejemplo, con los numerosos discursos en los que Kierkegaard analiza la provisión dada por Dios a los lirios del campo y las aves del cielo. Aquí nos

---

[247] SKS 7, 232.

limitaremos a exponer algunos textos de 1843 y 1844 que nos darán una primera impresión de Kierkegaard como autor de discursos edificantes en el tiempo en que se iniciaba su producción pseudónima.

El primero de estos textos, *La espera de la fe*, es una especie de discurso de año nuevo, cuyo tema está dado precisamente por las expectativas generadas por la nueva temporada. Frente a la diversidad de posibilidades ofrecidas por el futuro, Kierkegaard parte por recordar la constancia dada por el templo en el que se encuentran reunidos para «hablar siempre del mismo tema»[248]. Pero no por eso el preocuparse por el sinfín de problemas humanos que abre un nuevo año es algo mirado con desdén por Kierkegaard. En esta capacidad de preocuparnos ve incluso «la prueba de nuestro origen divino», «porque si no hubiera futuro, tampoco habría pasado, y si no hubiera futuro ni pasado el hombre sería dominado como un animal, con la cabeza inclinada hacia el suelo, su alma sería una prisionera del servicio al instante presente»[249]. El futuro con su diversidad de posibilidades tiene entonces que ser abordado.

Pero para alguien como Kierkegaard no cabe desde luego solucionar la cuestión en términos de una relación equilibrada con el pasado, el presente y el futuro: el discurso no llama a preocuparse por el presente «en su justa medida» y por el futuro «en su justa medida». Por el contrario, es una invitación a abordar el presente sólo cuando hayamos vencido completamente sobre el futuro. Esto por supuesto puede sonar imposible: vencer al presente es vencer algo puntual, y tal vez sea posible; vencer al futuro es en cambio enfrentarse a la realidad completa. Sin embargo, es precisamente eso lo que Kierkegaard pide:

> Aquel que lucha contra el presente lucha contra una cosa individual, contra la cual puede desplegar todo su poder. Si entonces un hombre no tuviera otra cosa con la cual luchar, podría salir victorioso toda la vida, sin por eso haber aprendido a conocerse a sí mismo o a conocer su fuerza. El que combate con

---

[248] SKS 5, 18.
[249] SKS 5, 26.

> el futuro tiene un enemigo más peligroso y no puede ignorarse
> a sí mismo, ya que combate consigo mismo[250].

La lucha contra el futuro es una lucha con uno mismo, y ese enemigo tiene entonces la enigmática condición de ser uno mismo y al mismo tiempo ser más fuerte que uno mismo (porque enfrentarse al futuro es en cierto sentido enfrentarse al todo). Muchas veces decimos que es injusta una «lucha desigual». Pero aquí parece haber una lucha entre iguales que es tanto más difícil que aquélla, y según Kierkegaard se requiere vencer en ella para poder enfrentar el presente.

Nótese bien que aquí el problema no es la radical novedad del futuro. Kierkegaard está escribiendo desde la conciencia de que no hay nada nuevo bajo el sol, que el pasado guarda semejanza con el futuro. Pero hay cambio, y está el carácter de totalidad que parece tener el futuro. ¿A qué aferrarse en tal lucha? Estamos en un discurso edificante, y es obvio en qué dirección se dirigirá el llamado: como los marineros miran las estrellas fieles que permanecen en medio del vaivén del mar, Kierkegaard afirma que debemos «triunfar sobre el porvenir gracias a lo eterno»[251]. Pero aferrarse a lo eterno, triunfar mediante lo eterno en una lucha contra la totalidad del futuro, es algo que el hombre hace mediante algo llamado fe. El discurso no es sobre cualquier espera, sino la de la fe.

Y el discurso sobre *La espera de la fe* es fundamentalmente un discurso sobre la victoria de la fe. Pero no cualquier victoria, desde luego, pues la fe sabe que «solo es necesaria una cosa»[252] (Kierkegaard alude con estas palabras a Lucas 10:42, un texto que usaría para su larga reflexión sobre la unidad personal en *La pureza de corazón*). Este énfasis en la espera, en la posibilidad de triunfar sobre la totalidad encarnada en el futuro, pero de un modo que no es una victoria sobre la multitud de problemas puntuales del mundo, puede ser una buena corrección a la imagen de simple «radical» que tenemos de Kierkegaard. Haciendo un diagnóstico radical

---

[250] SKS 5, 27.
[251] SKS 5, 28.
[252] SKS 5, 28.

de los problemas del mundo moderno, Kierkegaard parece a ratos conformarse con que ya ha triunfado sobre todo. Eso puede exasperar a quienes ven aquí una burda concesión al mal, un irresponsable inmovilismo. Pero tras haber leído *La enfermedad mortal* eso no debiera extrañar a nadie: la espera es lo contrario de la des*esperación*, y por eso tiene que ser central para todo el proyecto kierkegaardiano el recordarnos que la espera es posible, y que en ella ya hay victoria: «la paciencia no tiene parentesco con la burla propia de la desesperación, que se sonríe ante los proyectos como si fueran niñerías»[253]. Por eso Kierkegaard dedica una cantidad considerable de discursos a temas como «que uno adquiera su alma en la paciencia», «que uno preserve su alma en la paciencia» o «paciencia en la expectativa», discursos que nos quieren preparar para «la larga lucha con un enemigo que nunca se cansa, el tiempo, y con un enemigo variado, el mundo»[254].

Pero aquí tenemos entonces un punto de partida ideal para recalcar la continuidad entre la obra pseudónima y polémica con la obra edificante que lleva el nombre de Kierkegaard. Porque la espera, en un lenguaje levemente distinto, era también un tema importante para la obra pseudónima y sus advertencias contra el apresurado ir «más allá». Si al esteta lo hemos caracterizado como alguien que huye del aburrimiento, que ve en él el mayor de los males, tiene sentido que el antídoto de la vida religiosa tenga mucho que ver con el modo en que el tiempo es enfrentado. Si un hombre, dice Climacus en el *Postscriptum*, tiene por misión entretenerse a sí mismo todo un día, y al mediodía nos dice que ya ha cumplido con su tarea, esa prisa tiene muy poco de meritorio: «cuando el tiempo mismo es la tarea, el error consiste en tenerla lista antes de tiempo»[255]. El poder de ponerse freno es entonces uno de los poderes significativos que un hombre tiene, aunque —una vez más— ese poder le permite triunfar sobre sí mismo y así sobre el mundo, aunque no le permite triunfar sobre cada fenómeno del mundo:

---

[253] SKS 5, 195.
[254] SKS 5, 195.
[255] SKS 7, 152.

No tengo tiempo para poder frenar mi época, y además creo que si la intento frenar de modo directo me voy a comportar como alguien que va en un tren y que para frenarlo sostiene con fuerza el asiento de delante: eso es querer detener a la propia época, pero quedar determinado por una relación directa con ella. No, lo único que cabe hacer en tal situación es bajarse del tren y frenarse a uno mismo[256].

¿Significa eso que Kierkegaard nos invita a una mera reclusión en la interioridad ante los problemas del mundo? No parece ser así. La advertencia es contra los que intentan frenar la propia época de un modo que permite que la misma época los determine. Ganada la independencia por una relación más indirecta con los problemas del presente, el mundo también se vuelve campo de preocupación de Kierkegaard, como lo veremos a continuación.

2. *«La época presente»* y el pensamiento social de Kierkegaard

Kierkegaard como crítico cultural

Atenderemos a continuación a un texto titulado *Una reseña literaria*, y en particular a una sección de dicha reseña, titulada *La época presente*. Se trata de un texto escrito por Kierkegaard en 1846. Recordemos que a fines de 1845 Kierkegaard había terminado el monumental *Postscriptum*. Durante la redacción del mismo había comenzado a reseñar una novela titulada *Dos Épocas*, escrita por Thomasine Gyllembourg, pero publicada anónimamente por su hijo Johan Ludwig Heiberg. Esta novela compara la generación de fines del siglo XVIII con la de 1840, y busca mostrar el efecto que los cambios políticos habían tenido sobre la vida cotidiana, comparando el carácter de diversas generaciones. La recensión de Kierkegaard acabó siendo casi del mismo tamaño que la novela, siendo publicada como un libro. Ni siquiera a la hora de escribir una reseña Kierkegaard es pues

---

[256] SKS 7, 152.

capaz de atenerse a modos convencionales de escritura. De hecho, la redacción de esta reseña es una suerte de vía media que le permite seguir escribiendo sin ser un autor, durante un período en el que lo consumen las dudas respecto de su condición de escritor y sobre la posibilidad de definitivamente ingresar al pastorado.

Es así una pieza de transición. El título de su obra anterior, *Postscriptum conclusivo y no académico a las Migajas Filosóficas*, es un fiel reflejo del deseo que tenía de poner fin a su producción literaria. Dicho *Postscriptum* incluso terminaba con un apéndice titulado «una primera y última aclaración». Como sabemos, no fue el final de su producción, sino que dio luego paso hacia obras decididamente religiosas, como son las que publicó desde esta fecha hasta su muerte en 1855. La transición de la producción predominantemente estético—filosófica a la religiosa se da pues mediante una reseña cuya sección principal —*La época presente*— contiene una fuerte crítica cultural y política. Pero esta pieza de transición es además algo así como una obra indirectamente directa. No es propiamente directo comunicarse mediante los comentarios a la obra de un tercero, pero es considerablemente más directo que la obra anterior de nuestro autor, por lo que tiene sentido que nos hagamos cargo de esta pieza en el contexto de la producción directa de Kierkegaard.

Antes de atender a los contenidos de *La época presente*, veamos la estructura general de *Una recensión literaria*. La primera parte corresponde a una revisión de los contenidos de la novela, la segunda a una interpretación estética de la misma, para finalizar con una serie de conclusiones de Kierkegaard sobre el mundo contemporáneo. Esta última parte se divide a su vez en un breve comentario sobre *La época de la revolución*, para acabar con la crítica de *La época presente*. También dicha sección consta de tres partes. En un primer momento Kierkegaard compara la época de la revolución con la época presente, sobre todo a la luz de la una como «apasionada» y la otra como «reflexiva». En un segundo paso, Kierkegaard analiza cómo distintos tipos de relación (padre—hijo, educador—educando, rey—súbdito, etc.) son vaciadas de contenido (aunque aparentemente mantenidas en pie), y se ocupa del proceso que llama «nivelación». Estamos, en efecto, ante uno de los primeros grandes textos de crítica de la sociedad de masas y de la sociedad de la comunicación («la prensa» es en gran medida la bestia negra del texto). La tercera sección de *La época presente*, en tanto, está dedicada a los atributos concretos por los que estos trastornos se reflejan en la vida doméstica y social. Éste es el lugar en el que Kierkegaard analiza fenómenos como la «charla», la «anonimidad», etc.

Esta breve revisión ya nos permite ver ante qué género de escrito estamos: se trata de un tipo de producción que hoy tal vez llamaríamos «crítica de la cultura», pero que en la generación de Kierkegaard destaca como «crítica del presente». John Stuart Mill había publicado en 1831 una obra de ese tenor con el título *El espíritu de la época*, Thomas Carlyle publicó en 1843 su *Pasado y presente* y el escritor suizo Jeremias Gotthelf publicaría en 1852 su novela *El espíritu de Berna y el espíritu de los tiempos*. Hay pues una fuerte conciencia de época, sumada al fervor revolucionario de la década de 1840. En ese contexto debemos leer las críticas de Kierkegaard a su tiempo. Lo haremos dividiendo en dos grupos temáticos el contenido, atendiendo en primer lugar a lo que pudiera reducirse a una «crítica cultural» y, en segundo lugar, a la «filosofía social» de Kierkegaard; desde luego se trata de una división artificial que aquí sigo sólo por motivos pedagógicos.

Si de crítica cultural se trata, el modo más sencillo de adentrarnos en la misma es citar las primeras líneas de *La época presente*: «La época presente —escribe Kierkegaard— es esencialmente sensata, reflexiva, desapasionada, encendiéndose en fugaz entusiasmo e ingeniosamente descansando en la indolencia»[257]. Esa descripción, en que la «sensatez», «reflexión» y «falta de pasión» de la época presente es resaltada, constituye el trasfondo de todo lo dicho en el texto. Ya hemos en varias otras instancias advertido contra una superficial lectura irracionalista de Kierkegaard, y éste puede ser un lugar adecuado para repetir tal advertencia, pues la «pasión» de las épocas revolucionarias parece ser celebrada en contraste con la «reflexión» de la época presente. Como es usual, las cosas son más complejas. La pasión es un involucrarse, y la época está siendo juzgada por fallar en

---

[257] SKS 8, 66.

dicho punto: junto con la reflexión obsesiva que sólo sirve de excusa para la falta de acción, encontramos también una crítica al «fugaz entusiasmo». La pasión a la que llama Kierkegaard se opone pues a ambos. Así, Kierkegaard escribe que «destellos de entusiasmo e ingeniosa apatía se corresponden mutuamente»[258]. Aquí el entusiasmo fugaz, que se manifiesta en destellos, no sólo no es identificado con la pasión, sino que lo es derechamente con su contrario, la a—patía. Robert C. Roberts ha notado, en efecto, que hay alguna ambigüedad en la obra, de modo que a veces la pasión designa una emoción pasajera, pero en otras ocasiones designa algo más sustantivo: un rasgo de carácter o un interés arraigado[259]. Como falta carácter arraigado, como faltan intereses capaces de dar forma estable a la emoción, no se logra configurar un modo constante de actuar ni pensar. Precisamente por eso, la lista de tipos humanos cuya desaparición Kierkegaard lamenta no se agota en figuras revolucionarias o heroicas, sino que incluye también a pensadores: «no queda ningún héroe, ningún amante, ningún pensador, ningún caballero de la fe, nadie magnánimo, ningún desesperado que valide estas cosas por haberlas vivido en forma primitiva»[260]. Una figura apasionada, en el sentido de que tenga carácter (distinto del «fugaz entusiasmo») debería pues poder darse en cualquiera de esos campos. Por lo mismo, hay otros momentos en los que Kierkegaard se apura en decir que «la reflexión no es lo perverso», que «una época reflexiva también posee su lado luminoso, precisamente porque gran cantidad de reflexión es condición para un mayor significado que el de una pasión inmediata»[261].

De hecho hay un tipo de reflexión, en conjunción con cierta pasión, que desempeña un papel importante en esta obra. Gran parte de ella busca, en efecto, reestablecer una serie de «apasionadas disyuntivas», recuperar una serie de oposiciones, y para recuperar-

---

[258] SKS 8, 70-71.

[259] Roberts, Robert C. «Passion and Reflection» en Perkins, Robert (ed.) *Two Ages: The Present Age and the Age of Revolution, a Literary* Review (International Kierkegaard Commentary 14) Mercer University Press, Macon, 1984. págs. 88-89.

[260] SKS 8, 72.

[261] SKS 8, 91.

las lo que se requiere es al menos en parte un trabajo de aclaración conceptual: hay que establecer disyunciones y mantenerlas apasionadamente. El tipo de disyunciones en cuestión es el de polos como «conversación y silencio» o «lo público y lo privado». El diagnóstico de Kierkegaard es pues que el tipo de reflexión en la que nos hemos visto atrapados es la de una «habladuría público—privada» por la que alternativas vitales para una vida humana rica son disueltas. Consideremos, por ejemplo, el tipo de diagnóstico que hace de la «charla»:

> ¿Qué es charlar? Es la abolición de la apasionada disyuntiva entre callar y hablar. Sólo aquél que esencialmente sabe callar, puede esencialmente hablar, sólo aquél que esencialmente sabe callar, puede esencialmente actuar. El silencio es interioridad. La charla se anticipa a un hablar esencial y así la expresión de la reflexión debilita desde antes la acción. Pero aquél que sabe hablar esencialmente, porque sabe callar, él no tendrá multitud de cosas sobre las cuales hablar, sino sólo una; y él encontrará tiempo para hablar y tiempo para callar. La habladuría gana en extensión: habla sobre todas las cosas y continúa incesantemente[262].

El ejemplo es elocuente respecto de cómo en ambos polos de la disyuntiva hay algo de importancia capital. Kierkegaard escribe sobre un «hablar esencial» y sobre la «interioridad» del silencio. Tal vez podemos unir a ambos momentos bajo la idea de «intensidad». Hay intensidad en la conversación genuina y en el silencio. La época presente pierde dicha intensidad en la misma medida en que gana en extensión mediante la charla o la habladuría. Uno de los campos en que esto ocurre es en la disyuntiva público—privado, y eso guarda relación con otro de los tópicos predominantes de este breve escrito: la publicidad. La época presente es diagnosticada como un momento en el que «el público» y «la publicidad» cogobiernan. El problema ciertamente no es que exista «lo público» o «la vida pública» en su acepción común. Lo que Kierkegaard está denunciando no es la preocupación por lo público, sino exactamente lo contrario: «el público es lo público, pero interesado en lo más estrictamente privado»[263].

---

[262] SKS 8, 92-93.
[263] SKS 8, 95.

Así, «lo que nadie se atrevería a discutir en una asamblea, aquello sobre lo cual nadie conversaría, aquello sobre lo cual ni siquiera los charlatanes admitirían haber charlado: sobre ello se puede escribir para el público y es lícito saberlo en calidad de público»[264].

Bajo el título de «publicidad», en tanto, Kierkegaard no está considerando alguna estrategia propagandística en particular, sino que está describiendo todo un modo de ser, estrechamente vinculado al carácter desapasionado de la época: «en contraposición con la época de la revolución como época de acción, la época presente es la época de la publicidad, la época de los misceláneos anuncios: no sucede nada, y sin embargo hay publicidad inmediata»[265]. No se trata, pues, sólo de que ciertas cosas se hagan más públicas que antes. La inmediatez de la publicidad revela más bien una cultura en la que no hay capacidad de espera —acabamos de ver la importancia que da a ésta en sus discursos edificantes. «Nuestra época es la de la anticipación, incluso el reconocimiento se recibe por adelantado»[266].

Con todo, dentro de esto la publicidad en un sentido más estricto sí desempeña cierto papel, pues *La época presente* nace en medio de la controversia de Kierkegaard con un medio de prensa escrita. En efecto, desde marzo de 1846 Kierkegaard venía siendo caricaturizado por el diario satírico *El corsario*, tras haber revelado él el nombre de uno de los colaboradores de la revista, que hasta entonces había sido mantenido en secreto. Se trata de un medio de comunicación que era temido por la mayoría de los círculos sociales, y en él Kierkegaard fue ridiculizado por meses, tanto mediante artículos como a través de caricaturas. Esto lo vemos reflejado en más de un lugar de *La época presente*, donde *El corsario* aparece retratado como un perro, «la parte despreciable del mundo literario», un animal que el público tira encima de cualquier hombre excepcional, pero al cual «incluso el público desprecia»[267]. Vale la pena detenerse un segundo en este episodio, pues Kierkegaard fácilmente podría ser tenido él mismo por

---

[264] SKS 8, 95.
[265] SKS 8, 68.
[266] SKS 8, 69.
[267] SKS 8, 90.

un satirista, un satirista que con su carácter completamente polémico se arroja sobre sus presas con la misma fiereza que *El corsario*. Tal diagnóstico puede no ser del todo equivocado, pero Kierkegaard está consciente de la posibilidad de tal asociación, y ya en marzo de 1846 escribe en su diario que era su deber, precisamente porque iba a tomar por asalto su época, evitar cualquier confusión con el tipo despreciable de ironía usado por dicho periódico[268]. El conflicto con *El corsario* puede pues haber sido buscado por Kierkegaard, precisamente para hacer visible la diferencia entre su propia crítica social y la que realizaba dicho periódico. También en *La época presente* se puede encontrar un esfuerzo por resaltar el carácter distintivo de su crítica: «si en nuestro tiempo va a ser posible que la sátira haga algún bien y no un daño irreparable, debe tener por fortaleza una consecuente y bien fundada visón ética de la vida, una sacrificada abnegación, una elevada nobleza que renuncia al instante»[269]. Con dicho tipo de crítica Kierkegaard efectivamente hizo una «renuncia al instante» en términos de su impacto inmediato. Pero casi un siglo más tarde Karl Jaspers, refiriéndose a *La época presente*, podía escribir que «la primera crítica acabada de su sociedad, distinguiéndose por su seriedad de todas las precedentes, fue la hecha por Kierkegaard. Su crítica es la primera que oímos como una crítica también para nuestro tiempo; es como si hubiese sido escrita ayer»[270].

Algunos tópicos de su filosofía social

Un escrito como *La época presente* nos permite no sólo conocer a Kierkegard como crítico cultural, sino también tener acceso a su pensamiento político. Que exista algo así como su «pensamiento político» o su «filosofía social» puede por supuesto ser puesto en duda, pues incluso si uno ha dejado de lado la idea de que Kierkegaard sea un individualista radical, en la historia del pensamiento parece destacar como uno de los pensadores que menos se ocupan de los problemas de nuestra vida en común, como alguien preocupado

---

[268] NB:7 / SKS 20, 16.
[269] SKS 8, 71
[270] Jaspers, Karl. *Die Geistige Situation der Zeit* De Gruyter, Berlín, 1999. pág. 12.

más de los terremotos interiores que de los terremotos sociales. Dicha imagen corresponde en parte a la verdad, al menos si uno piensa en las escasas publicaciones suyas que parecen tocar este campo. Pero incluso poniéndonos en ese plano, el del número de publicaciones, queda claro que no estamos ante algo que le sea totalmente ajeno: debiera llamar nuestra atención que precisamente *ad portas* de la revolución de 1848 publicara los dos textos en que más detenidamente reflexiona sobre la vida social, *La época presente* en 1846 y *Las obras del amor* en 1847. De esta última Kierkegaard afirmó que al menos uno de sus capítulos había sido escrito «en directa oposición al comunismo»[271] (el *Manifiesto comunista* es del año siguiente). Pero en cualquier caso es cierto que también cuando aborda este tipo de problemas, Kierkegaard suele hacerlo atendiendo a su más profunda raíz espiritual. Sólo en *La época presente* y en los diarios parece descender a cuestiones más específicas.

También en *La época presente*, por cierto, la impresión que muchas veces se recibe es de simple crítica de la sociabilidad, como si el individualismo en lugar de un problema fuera la solución: «el endiosado principio positivo de la sociabilidad es en nuestra época justamente lo que consume, lo que desmoraliza»[272]. Tampoco aquí se trata, por supuesto, de rechazar (¡como si se pudiese!) la vida en común, pero sí parece estar criticando la prisa por entregarnos a otros, la renuencia a previamente poder ponerse de pie como un individuo que toma posición, que se arriesga. Así, Kierkegaard denuncia el modo contemporáneo de vivir la sociabilidad como «algo tan feo y depravado como el matrimonio entre niños»[273]. Ahora bien, aunque uno coincida con tal diagnóstico, podrá por supuesto levantar algunas objeciones contra el modo en que está formulado. Ya en su tiempo el obispo Martensen planteaba una objeción respecto de la aplicación de esta idea a la iglesia: ella, escribía el obispo, no es sólo asociación de individuos, que podría disolverse y luego reorganizarse cuando éstos maduren, sino que es además una continuidad históri-

---

[271] NB2:180 / SKS 20, 213.
[272] SKS 8, 82.
[273] SKS 8, 101.

ca, y Kierkegaard no parece compartir idea alguna sobre cómo podría recomponerse la iglesia tras romperse tal hebra histórica[274]. Tal objeción puede plantearse no sólo respecto de la iglesia, sino respecto de toda comunidad humana, pues todas son continuidades históricas. Al apropiarse de la crítica de Kierkegaard a la sociabilidad vale la pena considerar ese tipo de objeciones.

Pero la posición de Kierkegaard merece también algo de defensa. Pues si bien a ratos suena como si sólo propusiese como antídoto a la masificación cierto individualismo religioso, no siempre pone el remedio en el individuo. En efecto, en medio de su crítica a la «nivelación», en medio de su rechazo a la primacía de «la categoría de generación por sobre la categoría de individuo», en medio de su rechazo de «la orientación de la época presente hacia la igualdad», queda muy claro para el lector atento que Kierkegaard en realidad reconoce como fuerza contraria a la nivelación no a los simples y aislados individuos, sino a ciertas «concreciones orgánicas» más robustas. Es poco lo que Kierkegaard dice al respecto, pero es enfático y debiera llamar nuestra atención cuán poco ha sido notado. Pues la nivelación es denunciada como una «abstracción», y casi cada vez que en *La época presente* aparece el antónimo de la abstracción, la «concreción», es para referirse a algo más que individuos. Así lamenta que «ya no quepa ninguna categoría intermedia», pues «han sido aniquiladas todas las concreciones *comunales* de la individualidad»[275]. Dichas «concreciones comunales» en otros momentos son llamadas «concreciones orgánicas». Donde «aún hay partidos y hay concreciones» Kierkegaard no pierde la esperanza. Así, no sólo no sería una especie de individualista, sino que incluso coincidiría con quienes ven la masificación y el individualismo como fenómenos estrechamente emparentados: «sólo cuando se carece de una fuerte vida comunal que dé cuerpo a la concreción, entonces la prensa creará este público abstracto, compuesto de individuos insustanciales que jamás se unen o podrán ser unidos en la simultaneidad de una situación u organización y que, sin embargo, se sostienen como un todo»[276].

---

[274] Martensen, Hans Lassen. *Die Christliche Ethik* vol. 1 Reuther, Karlsruhe y Leipzig, 1886. pág. 300.
[275] SKS 8, 84. Mi cursiva.
[276] SKS 8, 87.

A «la época presente» Kierkegaard no la juzga pues por sus aspectos abiertamente revolucionarios —en ellos todavía hay oposición y concreción—, sino principalmente por lo que podríamos llamar «la revolución silenciosa». Con esta expresión me refiero a que según Kierkegaard hay una larga serie de relaciones sociales que bajo las condiciones de «nivelación» padecen un trastorno distinto del que padecerían en una época revolucionaria. Un rey, por ejemplo, sería destituido por los revolucionarios; pero nosotros «no pretendemos abolir la monarquía, de ningún modo. Pero si poco a poco la pudiésemos convertir en una ilusión, entonces felices gritaríamos <¡viva el rey!>»[277]. En ambos casos tenemos una «revolución», pero de naturaleza muy distinta. «Mientras que una época apasionada acelera, eleva y derriba, levanta y oprime, una época reflexiva y desapasionada hace lo contrario, ahoga y frena, nivela»[278]. El análisis de la «revolución desapasionada» es, en efecto, uno de los grandes temas del texto:

> Una época apasionada, tumultuosa, quiere arrojar todo a un lado, abolir todo; una época revolucionaria pero desapasionada y reflexiva transforma la demostración de poder en una dialéctica pieza de arte: dejar que todo permanezca en pie, pero mediante circunloquios vaciarlo de significado[279].

Esta dinámica es, en efecto, usada por Kierkegaard para analizar una variedad de fenómenos: no sólo la relación rey—súbdito, sino las relaciones de hijo y padre, de discípulo y maestro. Así, ya no hay una relación por la que el adolescente rebelde todavía teme y tiembla ante el maestro, sino más bien «un mutuo intercambio de ideas entre maestro y discípulo, acerca de cómo una escuela como ésta debe manejarse. El asunto de ir a una escuela ya no consiste en temer y temblar, ni menos en aprender, sino que en el fondo ha llegado a significar el estar interesado en el problema de la educación escolar»[280]. En la medida en que uno comprenda la naturaleza de esta crítica,

---

[277] SKS 8, 77.
[278] SKS 8, 80.
[279] SKS 8, 74.
[280] SKS 8, 76.

habrá entendido lo lejos que está Kierkegaard de ser un autor antisocial. No estamos ante una simple queja conservadora por el hecho de que los alumnos no tiemblen o porque dejen de aprender —en cualquier caso una cuestión no desdeñable—, sino que en cada una de estas transformaciones lo que Kierkegaard en realidad diagnostica es la *desaparición de la relación*, porque las partes involucradas en ella se vuelven espectadores de la misma. Así como el alumno pasa a ser un «interesado en el problema de la educación escolar», «el ciudadano ya no es parte de la relación, sino un espectador que estudia el problema de la relación entre un rey y sus súbditos»[281].

Es posible hacer una lectura «conservadora» de este tipo de textos, que se centre en cómo Kierkegaard lamenta la destrucción de la autoridad. Pero si bien tal lectura estaría acertando en un punto, parece importante notar, en primer lugar, que lo que está criticando es la destrucción de la relación completa y, en segundo lugar, que la responsabilidad por lo ocurrido no recae de modo simplista en quienes se han sublevado. Hacia el final del texto Kierkegaard responsabiliza de modo inequívoco a «la autoridad y el poder» que «han sido mal utilizados, trayendo sobre sí la némesis de la revolución»[282]. Obras más tardías, como *La enfermedad mortal*, serán tanto más enfáticas en responsabilizar a la elite culta, que se entrega a delirios panteístas y luego se horroriza al ver una masa «divinizada» levantarse contra ella[283]. Entre ambas obras, sin embargo, se encuentra uno de los políticamente más decisivos de la modernidad, al que debemos dirigir una breve mirada.

Un año decisivo: 1848

1848 es decisivo en más de un sentido[284]. Hemos visto que Kierkegaard tuvo dicho año una segunda experiencia de conversión, una experiencia por la que declaraba transformado todo su ser,

---

[281] SKS 8, 76.

[282] SKS 8, 102.

[283] SKS 11, 230.

[284] Al respecto puede verse Kirmmse, Bruce. «Kierkegaard and 1848» en *History of European Ideas* 20, 1995.

de un modo que lo obligaba a hablar. El año es deciviso también por el tipo de claridad que Kierkegaard alcanzó sobre el significado de su propia obra. En una nota del diario escribe que con la llegada del año 1948 «me vi elevado a una altura que nunca antes había conocido, y pude por fin conocerme cabalmente»[285]. Aunque *El punto de vista*, escrito ese año, no fue publicado, constituye un testimonio gigantesco del proceso de autoconocimiento vivido por Kierkegaard en ese periodo. Pero ante todo es un año decisivo para la realidad política de toda Europa. En *La época presente* Kierkegaard había escrito que «una revuelta es en la época presente lo más impensable»[286]. Ésta parece ser la afirmación más insólita de todo este breve opúsculo, y Walter Kaufmann ha sido justificadamente irónico respecto de lo desorientado que Kierkegaard parece haber estado respecto del futuro inmediato:

> En 1847 siete cantones católicos se separan de Suiza y son forzados en una breve guerra a volver a la federación; el año 1848 en Francia una revolución acaba con la monarquía y establece la República, mientras que revoluciones también sacuden a Alemania, Austria e Italia. Dinamarca anexa Schleswig—Holstein (aprovechándose de las luchas en Alemania), una revuelta se enciende en Hungría, hay guerras en Italia, tropas prusianas y austríacas expulsan a los daneses de Schleswig—Holstein, en París los comunistas se alzan contra la nueva República y son derrotados en sangrientas luchas callejeras, el emperador huye a Viena, más sangrientas revueltas sacuden París, el emperador de Austria es obligado a abdicar en favor de su sobrino— todo en 1848[287].

Tal vez la revolución era impensable en 1846, pero en 1848 ocurrió. En un número considerable de casos fueron revoluciones de corto aliento, pues llevaron al fortalecimiento de la reacción. Sin embargo, la importancia simbólica de la caída del viejo orden salta

---

[285] NB26:14 / SKS 25, 22.
[286] SKS 8, 68.
[287] Walter Kauäfmann en su introducción a *The Present Age* Harper & Row, Nueva York, 1962. págs. 20-21.

a la vista: si bien no es comparable en su efecto a las guerras mundiales del siglo XX, 1848 dejó huella honda en la conciencia de algunos países europeos. Este año le dio a Kierkegaard «la más nítida comprensión de mí mismo que haya alcanzado»[288], pero dicha autocomprensión evidentemente se relaciona también con estos acontecimientos externos, sobre los cuales realiza en sus diarios una gran cantidad de anotaciones.

Ahora bien, ¿importan los cambios externos? Muchas veces los textos de Kierkegaard dan la impresión de que según él todos los cambios externos serían indiferentes en contraste con la vida interior. Pero cuando uno ve sus reflexiones sobre las revoluciones de 1848, resulta evidente que no adopta una actitud de indiferencia. Por el contrario, tiene una aguda conciencia de lo que está ocurriendo, y afirma que «ni siquiera la caída de la civilización antigua es comparable a la catástrofe histórico—mundial que estamos enfrentando»[289]. Al respecto cabe por supuesto hacerse varias preguntas: por una parte por la naturaleza de los cambios que tienen lugar (si no son meramente externos, ¿de qué índole son?), por otra parte por la evaluación que Kierkegaard hace de ellos (¿considera positivos o negativos los cambios que le toca ver?) y, finalmente, por el género de vida al que cree que estos cambios invitan.

Si partimos por lo primero, parece correcto reconocer que Kierkegaard reconoce al menos dos tipos de cambio: hay cambios en el modo de conducirse la vida pública, y hay cambios en el orden de las ideas inspiradoras de la vida pública. Por lo que respecta a lo primero, el fenómeno más significativo para Kierkegaard es la masificación. Sobre ésta, como hemos visto, Kierkegaard escribe muchísimo, y bien puede ser considerado como uno de los primeros grandes analistas de la moderna sociedad de masas. Pero el fenómeno le interesa precisamente porque en tal masificación se revela un trastorno espiritual. En *La época presente*, por ejemplo, es la envidia la que sirve de prisma para analizar la «nivelación». Pero también otras disposiciones distintas de la envidia le sirven para iluminar el problema. Fenómenos

---

[288] NB26:51 / SKS 25, 55.
[289] SKS 16, 49.

como la alienación y la obsesión le son igualmente conocidos. Considérese, por ejemplo, el siguiente texto de los diarios:

> Se escribe mucho sobre el fenómeno de la posesión en la Edad Media, y sobre épocas en las que había individuos que se vendían al diablo. En contraste con eso siento la necesidad de escribir un libro sobre *Posesión y obsesión en la época moderna*, y mostrar cómo la gente se está dejando llevar en masa a tal posesión. Se unen en estampidas, de un modo que la ira animal toma posesión de la persona, que se siente estimulada, inflamada y fuera de sí. […] La persona busca así evaporarse en una potenciación, estar fuera de sí misma, sin saber lo que hace o dice, sin saber quién o qué es lo que habla a través de ella. Entretanto, la sangre corre más rápidamente, los ojos brillan y miran de modo fijo, la pasión hierve, el deseo bulle[290].

Textos como éste se pueden multiplicar por decenas durante este período, y por lo general se trata de textos que al criticar la actitud de masa anclan tal crítica a algún desorden de alma. A la envidia, la obsesión, la alienación (ese estar fuera de sí sin saber qué es lo que habla a través de nosotros) y la posesión se puede así sumar actitudes como la cobardía. Una y otra vez Kierkegaard hace notar cómo la actitud de masa implica una «cobardía inhumana» en la que no es posible encontrar «una huella de valentía personal»[291].

Con todo, como señalamos, éste es sólo uno de los aspectos diagnosticados por Kierkegaard. Pues al mismo tiempo que uno atiende a los cambios políticos producidos por la masificación y al tipo de carácter que ésta revela, uno puede preguntarse por las ideas que acompañan al proceso. Que Europa vivía profundos cambios doctrinales es algo sobre lo que no cabe la menor duda, pero no siempre es fácil decir cuál de esos cambios es el que está tomando cuerpo en las asambleas o en las estampidas callejeras. Así, en varias anotaciones Kierkegaard resalta más bien la falta de ideario del movimiento revolucionario: «una cantidad indeterminada de personas se toma el palacio en París, sin

---

[290] NB16:22 / SKS 23, 108-109.
[291] NB4:121 / SKS 20, 348.

saber ellos mismos lo que quieren, sin una sola idea determinada»[292]. La república francesa, escribe en otra anotación, «está fundada sobre una falsedad, la de convencerse mutuamente de que esto es lo que queríamos, que éste era el propósito —sin considerar cuán notorio es el hecho de que no se tenía propósito alguno»[293]. En anotaciones como éstas, la revolución es analizada como un fenómeno de simples «indignados» carentes de actitud propositiva o programa específico alguno. Sin embargo, en otros textos la situación es muy distinta. En algunas notas Kierkegaard se lamenta porque sólo hay agitación nacionalista, sin que la revolución lleve a que se exprese una sola inquietud religiosa[294]. En otras notas, en cambio, sugiere que todo lo que está ocurriendo es religioso. Todo parece política, escribe, pero la situación sería aquí inversa a la de la Reforma protestante: ella parecía religión, y acabó siendo nada más que política (ese, como veremos más adelante, es el severo juicio de Kierkegaard sobre la Reforma); en 1848, en cambio, todo parece política, pero acabará siendo religión[295]. Kierkegaard cree pues que el espíritu revolucionario que desde entonces recorre Occidente se relaciona con una profunda transformación religiosa e intelectual, aunque en sus observaciones sobre 1848 rara vez llega a articular algo sobre cuáles serían dichas ideas de fondo.

Con todo, cabe preguntarse si considera positivas o negativas las transformaciones que está observando. Una vez más, lo más apropiado parece ser el constatar de parte de Kierkegaard una actitud ambivalente: no es un nostálgico de tiempos pretéritos, pero está lejos de ser alguien que recibe con simple aprobación el nuevo escenario. En ocasiones incluso hay de su parte confesión respecto de la considerable distancia que se requerirá para medir el impacto de la revolución: «tomará una o dos generaciones antes de que comprendamos dónde se encuentra el mal ahora, y cómo debe cambiar el modo de ataque»[296]. Pero hay un sentido en el que su balance sin duda es positivo: considera que la revolución ha dejado fuera de juego a muchos representantes

---

[292] NB 4:121 / SKS 20, 347.
[293] NB4:122 / SKS 20, 348.
[294] NB4:132 /SKS 20, 350.
[295] Kierkegaard, Søren. *Briefe* Jakob Hegner, Colonia, 1955. pág. 100.
[296] NB15:65 /SKS 23, 44.

oficiales del cristianismo, pero que su propio pensamiento se ha visto confirmado. Respecto de dichos representantes oficiales se expresa así:

> Los sucesos de los últimos meses, que poseen un significado histórico—mundial, han echado abajo todo, dando la palabra a los voceros de ideas fantásticas y confundidas, mientras que todo el que antes era una voz autorizada se ha visto forzado o a callar, o a la vergüenza de tener que comprarse algo de ropa nueva[297].

Salta a la vista que aquí son dos los bloques respecto de los que se distancia. Por una parte están los voceros de la revolución, representantes de ideas «fantásticas y confundidas», pero por otra parte están los representantes de un cristianismo aburguesado, que rápidamente tienen que adoptar «ropa nueva» para seguir formando parte del juego. Tal adaptación implica por supuesto el reconocimiento de derrota, que es lo que Kierkegaard considera que él no necesita hacer. Por otra parte, podría decirse que textos como el recién citado revelan que para Kierkegaard 1848 puede haber sido demasiado poco revolucionario. Porque con el cambio de ropa la cristiandad subsiste, e incluso podríamos decir que se ve reforzada con la legitimidad democrática. No es de extrañar, en efecto, que su propio ataque a la cristiandad se diera no antes sino después de esta fecha.

3. Las obras del amor

Nos hemos movido desde un texto de 1846, *La época presente*, a diversas observaciones de 1848. Al hacerlo, partíamos por responder a la crítica de quienes considerarían a Kierkegaard como un autor antisocial. Él mismo era claramente consciente de la existencia de este género de crítica, como lo deja traslucir en la siguiente entrada de diario, escrita en 1847:

> A pesar de que ya he mostrado mi cuidado mayéutico, a pesar de que ya saben que procedo de modo lento, dando la impre-

---

[297] SKS 16, 49.

sión de que no sé nada más, nada de lo que viene a continuación —a pesar de eso la publicación de mis nuevos *Discursos Edificantes* les dará ocasión para repetir la misma queja: que no sé nada respecto de lo que viene después, que no sé nada respecto de la sociabilidad. ¡Necios! Aunque por otra parte debo confesar ante Dios que hay algo de verdad en esa objeción, sólo que no en la manera en que ellos la entienden. Pues siempre que he presentado un aspecto de un modo claro y agudo, admito la pertinencia del aspecto siguiente de un modo tanto más fuerte. Así, ya tengo un tema para mi próximo libro. Se llamará *Las obras del amor*[298].

La obra con dicho título fue publicada a fines de septiembre de 1847, y lleva por subtítulo «algunas reflexiones cristianas en forma de discursos». Reparemos, como ya lo hemos hecho con otras obras, en el título. Éste manifiesta por supuesto cierta continuidad con otros títulos de Kierkegaard, pero aunque es una serie de discursos no se presenta a sí misma como «edificante». Ese tipo de detalles no suelen ser menores en Kierkegaard. No es que estemos ante un discurso cualquiera, sino que se trata de una «reflexión cristiana»; y sin embargo, no es edificante. Eso resulta muy llamativo para quien crea que lo edificante se encuentra simplemente dado por la forma de sermón de un texto: ¿cómo puede Kierkegaard considerar edificante algo tan arduo como *La enfermedad mortal*, y luego abstenerse de usar tal calificativo cuando escribe un conjunto de textos sobre el amor, textos que tienen la apariencia de sermones? La explicación la da él mismo, en diversas entradas de diario en las que distingue tipos de discurso: un discurso, aunque sea un discurso cristiano, se hace cargo de la duda, presupone un público confundido o dudoso; el sermón, en cambio, presupondría no sólo un pastor debidamente ordenado, sino un público que acepta tal autoridad y que, por tanto, requiere primordialmente una exhortación o una edificación, no una aclaración[299].

---

[298] NB:118 / SKS 20, 86.

[299] NB:120 / SKS 20, 87. Excelentes observaciones en este sentido, así como adecuada exposición general de la obra, se encuentran en Ferreira, Jamie. *Love's Grateful Striving. A Commentary on Kierkegaard's Works of Love* Oxford University Press, Oxford, 2001.

El fin primario de *Las obras del amor* no es entonces edificar (aunque ésa también pueda ser una consecuencia, pero no una alcanzada directamente), sino mediante la aclaración —que se produce por la «reflexión cristiana»— producir un «despertar», producir una revolución o una purificación de nuestras ideas respecto del amor. Pero aunque no son prédicas, son discursos *cristianos*: el libro es introducido por una oración trinitaria, oración que cierra afirmando que aquí no hay ninguna «reclamación de méritos», y toda la obra está estructurada por la discusión de textos bíblicos: una primera mitad del libro consiste casi exclusivamente en una explicación del mandamiento «tú debes amar», mientras que la segunda parte del mismo es primordialmente una exposición del himno al amor en I de Corintios 13.

Aquí nos limitaremos a algunas ideas de la primera de esas dos partes, en particular con miras a averiguar qué tipo de aclaración cree Kierkegaard que necesitamos, dónde radica la confusión en nuestras creencias sobre el amor. Esta primera mitad de la obra, como señalamos, tiene una serie de discursos sobre un mismo tópico: tú debes amar. Cada uno de ellos se diferencia según el lugar donde se pone el acento: *tú* debes amar, tú *debes* amar o tú debes *amar*. De los tres acentos posibles, hay uno que debiera llamar particularmente nuestra atención. El último acento, puesto en el amor, no extrañará a nadie que tome en sus manos un libro sobre el amor; tampoco el «tú» debiera sorprender a quien lee un discurso dirigido a cada individuo. Pero quienquiera que haya bebido alguna idea popular sobre el amor se verá sorprendido por la idea de que haya un *debes* en este tema. ¿Puede haber amor como fruto de un mandato?

Para entrar en el modo en que Kierkegaard aborda la cuestión, podemos dirigirnos a la manera en que trata a los voceros de la concepción popular del amor: los poetas. «Poeta» siempre es un término ambivalente en la obra de Kierkegaard, uno que a veces designa de modo trivial al escritor, pero que a veces designa más bien al vocero de un género específico de vida; así, a veces se describe a sí mismo como poeta, y en otras uno se encuentra derechamente con la afirmación de que toda existencia poética es pecado. En *Las obras del amor* estamos siempre ante el segundo de estos usos: un «poeta» no es aquí alguien con una capacidad específica para escribir, mediante la cual puede representar una variedad infinita de convicciones, sino el vocero de una concepción específica de la vida, precisamente la del amor romántico o, como aquí lo describe Kierkegaard, el amor inmediato. Dicho amor canta el poeta, y su incapacidad para cantar del amor cristiano es lo que va a servir para poner de relieve la naturaleza de este último.

Que el poeta no puede —y sobre todo que no quiere, que por ningún motivo podría llegar a querer— cantar el amor cristiano, el deber de amar al prójimo, es algo sostenido por Kierkegaard desde el comienzo de la obra: «nadie que se haya comprendido bien a sí mismo se atreverá a decir del amor cristiano que florece, ni ningún poeta que se entienda a sí mismo soñará con cantarlo»[300]. ¿Por qué cree Kierkegaard que un poeta no lo querrá cantar? Porque efectivamente son pocas las personas que cantan sobre un deber, pues el canto parece dirigirse con más naturalidad a lo que espontáneamente florece. Eso que florece Kierkegaard lo llama «amor según la inclinación», e incluye no sólo el enamoramiento, sino también la amistad. Incluye, en suma, el conjunto de los amores que podríamos agrupar no sólo por ser guiados por una inclinación, sino por ser preferenciales. No sólo *nace* el amor por los amigos o por la persona amada, sino que se *prefiere* a éstos por sobre otras personas. Este conjunto de amores, que tan inocentes parecen, son enfáticamente vinculados por Kierkegaard al paganismo:

Lo que conviene es aclarar del modo debido que las alabanzas al amor y a la amistad pertenecen al paganismo, que «el poeta» propiamente pertenece al paganismo, pues su tarea pertenece a éste[301].

Si recorriese todos los textos en que el Nuevo Testamento habla del amor, este poeta llegaría a desesperar, porque no encontraría una sola palabra capaz de entusiasmarlo[302].

---

[300] SKS 9, 16.
[301] SKS 9, 51.
[302] SKS 9, 52-53.

Antes de citar en contra de esta afirmación textos como el *Cantar de los cantares*, conviene notar que Kierkegaard está siendo bastante específico: del Antiguo Testamento no dice nada, sólo niega que en el Nuevo haya algo que pueda entusiasmar al poeta —y una vez más debemos recordar que el «poeta» responde aquí a un tipo humano, no a un género literario. ¿Qué es lo que quitaría a tal tipo humano todo entusiasmo al leer el Nuevo Testamento? Llamémoslo «la seriedad del mandato». En una temprana carta Kierkegaard afirma que es capaz de poetizar respecto de cualquier cosa, menos respecto del deber: «cuando se habla del deber, la responsabilidad, la culpa, ahí no puedo ni quiero ser poeta»[303]. El amor que cantan los poetas es «el juego dinámico de las emociones», «el juego de las fuerzas de lo inmediato», un «resplandor, cantado por la poesía, en la sonrisa y en las lágrimas, en los deseos y en las nostalgias»[304]. Eso puede ser cantado, pero «¡qué diferencia entre este amor y ese otro en que reina, en espíritu y en verdad, en franqueza y abnegación, la seriedad de la eternidad y del mandato!»[305]

Este tipo de oposición entre el amor romántico y el amor cristiano es por supuesto mucho más popular hoy, sobre todo tras el impulso que recibió de la obra *Eros y Agape* de Anders Nygren[306]. Ahí es presentado como una alternativa entre el amor que asciende (*eros*) buscando un objeto digno de ser amado, y el amor que desciende (*agape*) hacia quienes no merecían amor alguno. Pero hay diferencias entre ambos autores: en Nygren resuena el carácter gratuito del *agape*, en Kierkegaard resuena más fuertemente su carácter ético. Según Kierkegaard podríamos decir que *eros* es un amor que ante todo requiere suerte: «es sólo buena suerte, la mejor buena suerte, enamorarse, encontrar al único amado; es buena suerte, casi la mejor buena

---

[303] Kierkegaard, *Briefe* pág. 33.

[304] SKS 9, 33.

[305] SKS 9, 33.

[306] La recepción de Kierkegaard ha tendido a fundir excesivamente su posición con la de Nygren. Para una adecuada advertencia al respecto véase Hughes, Carl. «Anders Nygren: Influence in Reverse?» en Stewart, Jon (ed.) *Kierkegaard's Influence on Theology. Tome II: Anglophone and Scandinavian Protestant Theology* (KRSRR 10) Ashgate, Aldershot, 2012.

suerte posible, encontrar al único amigo»[307]. Para el *eros* también hay una tarea ética, pero ella se limita a que tengamos la debida gratitud por dicha buena suerte. El amor cristiano, en cambio, no depende de suerte alguna, sino que «es autorrenuncia y, por lo tanto, confía en un *debes*»[308]. No depende de suerte alguna, pues no nos deja dar un solo paso en vano buscando a quién amar: el prójimo es la primera persona que encontramos tras abrir la puerta.

Aquí radica por supuesto una diferencia fundamental entre ambos amores. Los dos afirman que debemos alejarnos del egoísmo. El rechazo del egoísmo parece así mostrar una moral universal compartida, al menos en el papel, por paganos y cristianos. Pero según Kierkegaard en el paganismo la ruptura con el amor propio es sólo aparente. Al amor erótico y a la amistad el paganismo los vería como preferencias apasionadas por otras personas, y por tanto como suficientes para romper con el amor propio, el cual, concederían los paganos, es aberrante. Pero el cristianismo, según Kierkegaard, denuncia precisamente ese tipo de amores preferenciales como tipos de amor propio: en tanto que son objetos de predilección, «el amado» y «el amigo» sólo son extensiones del amor propio, que por tanto no logran romperlo del modo radical que lo rompe la palabra «prójimo», que «cohíbe el amor propio hasta más no poder»[309].

Este tipo de oposición entre el amor al prójimo y los amores preferenciales como tipos de amor propio nos debe llevar a algunas preguntas respecto de lo que Kierkegaard está planteando: ¿está negando la validez de todo tipo de amor a uno mismo? ¿Es esto posible, dado que se ha de amar al prójimo como a uno mismo? ¿Es concebible que haya un amor preferencial que sea lícito para un cristiano? ¿Es reconciliable la crítica al amor preferencial con lo que los propios pseudónimos de Kierkegaard dicen en elogio del matrimonio? ¿No estamos ante una obsesión con el deber que es más propia de Kant que del cristianismo? Conviene pensar estas cosas desde el párrafo que citamos al iniciar esta sección: Kierkegaard se reconoce a

---

[307] SKS 9, 57.
[308] SKS 9, 57.
[309] SKS 9, 29.

sí mismo como un pensador unilateral, que para ofrecer claridad necesita afirmar una posición purificándola de cualquier contaminación por su opuesto. Pero además cabe notar que incluso en medio de estos mismos discursos se encuentra ocasionalmente textos que invitan a una mirada algo más sutil sobre la preferencia y el amor propio: «quienquiera que conozca un poco a fondo a los hombres», escribe en uno de los discursos, «no dudará en confesar que tal como muchas veces ha querido poder llegar a convencerlos para que renunciasen al amor propio, así también con frecuencia lo que más ha querido fue lograr en lo posible enseñarles a amarse a sí mismos»[310]. Y si hay un amor propio correcto, no es extraño que en esta obra haya también lugar para una comprensión positiva de amores preferenciales como la amistad o el amor conyugal. De hecho, en más de una ocasión Kierkegaard lo admite. Pero la admisión va siempre encaminada a mostrar que no estamos ante una excepción, pues nada debe sustraerse al amor al prójimo: «ningún amor ni ninguna manifestación de amor deben, de una manera mundana y meramente humana, sustraerse a la relación con Dios»[311]. El problema, según aquí se revela, no es pues que el amor preferencial deja a otros fuera —como si el problema fuese que no me puedo casar con toda la humanidad—, sino que el amor preferencial puede dejar a la misma persona preferida fuera de la condición de prójimo:

> Sin notarlo, la persona ve el amor erótico y la amistad como un pagano, organiza su vida paganamente en esos campos, y luego añade algo de cristianismo a su vida amando también al prójimo —esto es, a algunos otros seres humanos. Pero quien no atiende al hecho de que su mujer es su prójimo, y sólo después de eso su mujer, no importa a cuántas personas el tal ame: jamás llega a amar al prójimo, pues ha convertido a su mujer en una excepción[312].

Así, no hay problema en que haya amor preferencial, en amar a la propia mujer «de un modo especial, pero no especial en el sentido

---

[310] SKS 9, 30.
[311] SKS 9, 116.
[312] SKS 9, 143.

de que sea una excepción al amor al prójimo»[313]. Un buen número de las preguntas que planteamos quedan así respondidas.

La relación con Kant puede ser algo más compleja. Algunas coincidencias entre ambos saltan a la vista, pues también Kant habla del amor según la inclinación como algo distinto del «amor práctico» que puede ser objeto de mandamiento. Pero Kant cree que eso es algo que si bien es afirmado por el cristianismo, se encuentra perfectamente al alcance de la razón[314]. Eso parece chocar con el énfasis de Kierkegaard en el carácter «pagano» del amor según la inclinación. Pues para Kierkegaard estamos aquí no sólo ante un hecho histórico —que el mandato de amar no existe en el paganismo— sino ante algo que considera que por definición no podría darse ahí. Una y otra vez nos encontramos, en efecto, con la afirmación de que no sólo estamos ante una profunda «originalidad de la fe», ante algo cuyo «origen no está en el corazón de ningún hombre», sino incluso con la idea de que no podría ser de otro modo, que al ser humano no se le podría haber ocurrido un mandamiento de amar.

> Para constatarlo no es necesario hacer una descripción extensa del paganismo, de sus extravíos y de sus peculiaridades. No, los signos característicos de lo cristiano están contenidos en lo cristiano mismo. Haz la prueba: olvida por un momento el contenido del cristianismo, medita en lo que por otros lados sabes acerca del amor, concéntrate en lo que has leído en los poetas, e inventa tú mismo algo poético sobre el tema, y entonces dime: ¿se te ha pasado jamás por la mente la idea de que debes amar?[315]

Este modo de enfrentar un problema puede considerarse una forma típicamente kierkegaardiana de apologética: Kierkegaard no está diciendo que el deber de amar sea algo incomprensible, sino

---

[313] SKS 9, 143.

[314] Para el contraste entre ambos véase Martens, Paul. «‹You Shall Love›: Kant, Kierkegaard, and the Interpretation of Matthew 22:39» en Perkins, Robert (ed.) *Works of Love* (International Kierkegaard Commentary 16) Mercer University Press, Macon, 1999.

[315] SKS 9, 36.

que incluso afirma que «no es difícil de entender para la profundidad o el entendimiento humano»[316]. Pero aunque no sea difícil de entender, es algo que «es imposible que haya surgido del corazón de algún hombre». Es similar el modo en que en otros lugares habla sobre la encarnación: no es que ésta sea un fenómeno literalmente incomprensible, y sin embargo no parece ser el tipo de idea que pudiera surgir de un corazón humano. Podríamos así decir que según Kierkegaard la existencia de este amor al prójimo como algo aceptado, como algo comprendido, pero al mismo tiempo como algo imposible de inventar, es ella misma un argumento a favor de la autenticidad de la revelación.

Dada esta novedad, una y otra vez el mensaje del amor al prójimo es presentado en este libro como una «revolución en el sentido de la eternidad» —término que Kierkegaard muy posiblemente usa de modo deliberado en una época que se entiende a sí misma como revolucionaria. Pero al mismo tiempo, entiende bien que esto puede sonar extraño, pues hay poco en el cristianismo contemporáneo que vuelva visible, reconocible dicha revolución. Así, afirma que más bien hay que «hacerse contemporáneo» para entender la revolución que supuso tal mensaje. La situación presente, en cambio, es la de la total confusión de los dos amores que Kierkegaard está contraponiendo. El amor inmediato requiere que sólo se ame a una persona, e idealmente una sola vez: sería demoledor para el amor romántico que tras la muerte de la amada el amante encuentre otra mujer que también cautive su amor. Asimismo el amor cristiano avanza con firmeza en la dirección opuesta: amar a todos y siempre. Pero esos dos polos opuestos se han aproximado en la situación presente:

> Es ésta la confusión que reina en la llamada cristiandad: por un lado, los poetas han soltado la pasión del amor que cantan, han cedido terreno, han aflojado el espiral de la pasión, le restan a través de la suma, y opinan que un hombre, en el sentido del amor inmediato, puede amar muchas veces, de suerte que también se den muchos seres amados; y, por el otro lado, el amor cristiano también cede, afloja el espiral de la eternidad,

---

[316] SKS 9, 32.

rebaja el peso y opina que con tal que se ame bastante, ya estamos ante el amor cristiano[317].

La situación de la «cristiandad» acaba pues siendo una tal, que los poetas y los cristianos coincidan en que lo importante es que se ame «bastante», habiendo cada uno cedido en sus pretensiones exclusivas de que se ame a sólo uno o a todos. El poeta actual se conforma con que se ame a un par de mujeres —simultánea o sucesivamente—, el cristiano actual se conforma con que se ame a los miembros de la propia nación, nación que representa precisamente un cristianismo aburguesado[318]. Pero con esta confusión ya estamos precisamente ante la crítica kierkegaardiana a la «cristiandad», que debemos tratar en una última sección.

4. El ataque a la cristiandad

El último punto en nuestro recorrido de las obras de Kierkegaard es su «ataque a la cristiandad». Bajo tal título se conoce desde la traducción inglesa de Walter Lowrie al conjunto de textos contra el cristianismo oficial que Kierkegaard publicó su último año de vida, en parte en el periódico Fædrelandet (*La patria*), y luego en la revista fundada e íntegramente escrita por él mismo, *El instante*. Pero se trata de un suceso algo más complejo, que involucra no sólo sus últimos escritos. Bajo el mismo pseudónimo que *La enfermedad mortal*, Anti—Climacus, Kierkegaard había publicado en 1850 un libro titulado *Ejercitación del cristianismo*, en el que ya se presentaba de modo completamente abierto la antítesis entre el cristianismo contemporáneo y el «cristianismo del Nuevo Testamento». Pero Kierkegaard entra tras dicha obra en lo que parece ser un receso: para un autor tan productivo como él nos debiera causar sorpresa el enorme silencio que reina entre esta obra y su final «ataque».

---

[317] SKS 9, 56-57.
[318] Al respecto véase Backhouse, Stephen. *Kierkegaard's Critique of Christian Nationalism* Oxford University Press, Oxford, 2011.

Pero no es un periodo improductivo. Antes de la colisión abierta Kierkegaard publica *Para autoexamen* (1851), una obra que viene con la observación «primera serie», palabras que desde luego anuncian una continuación. Dicha continuación, *Juzgad vosotros mismos*, fue escrita entre 1851 y 1852, pero no fue publicada. Pues Kierkegaard ingresa en ese momento a algo que él mismo califica como «neutralidad armada», un periodo en el que está preparando el arsenal para su ataque final. Aunque no publicara nada, la producción de estos años es impresionante en su cantidad: varios tomos de material reunido para cuando se iniciara la confrontación abierta[319].

Recién en diciembre de 1854 Kierkegaard vuelve a la vida pública, esta vez con un artículo en la prensa, titulado «¿Fue el obispo Mynster un testigo de la verdad? ¿Un <genuino testigo de la verdad>? ¿Es esto verdad?» Dicho texto requiere algo de contextualización. El giro a la comunicación directa parece aquí consumarse de un modo peculiar, pues Kierkegaard parece ya no sólo hablar de modo directo, sino a través de un modo directo que él mismo antes ha vilipendiado: la publicidad, la crítica baja, el periodismo de denuncia. ¿Es ése el papel que ha adoptado? La respuesta a esa pregunta puede ser parcialmente afirmativa: Kierkegaard cae en sus últimos escritos en denuncias que lo muestran dispuesto a virtualmente cualquier bajeza. Pero no es menos cierto que los mismos escritos que contienen dicho género de crítica, nos siguen recordando de qué calibre es el pensador y escritor que tenemos por delante.

Revisemos, a estos efectos, el primero de los números de *El instante*. Dicho fascículo nos recuerda que, si bien nos movemos hacia un género literario distinto, seguimos ante un escritor de primera magnitud, quien si bien aparece despidiéndose de la literatura, lo hace de un modo tal que sigue dentro de ella:

> Ser escritor: eso sí que me gusta. Sinceramente debo decir que he estado enamorado del producir, pero con una aclaración: a mi manera. Y lo que he amado es justo lo opuesto a actuar en el instante; lo que he amado es precisamente la distancia respecto

---

319 Al respecto véase Plekon, Michael. «Before the Storm: Kierkegaard's Theological Preparation for the Attack on the Church» en *Faith and Philosophy* 21, 1, 2004.

del instante, distancia en que he podido colgarme de los pensamientos como un enamorado, como un artista enamorado de su instrumento entretenerme con el idioma, arrancarle las expresiones que el pensamiento pedía —¡Fascinante pasatiempo!— ¡En toda una eternidad no podría cansarme de esta ocupación![320]

El Kierkegaard de la juventud se encuentra aquí presente, reafirmando su naturaleza totalmente polémica: «estoy tan predispuesto para la polémica que sólo me siento en mi elemento cuando estoy rodeado de la mezquindad y mediocridad humana»[321]. Pero al mismo tiempo, se trata de algo de una seriedad infinita, por la que considera que si bien continuará escribiendo y polemizando, lo hará de un modo que no le agrada, de un modo contrario a su voluntad: actuando «en el instante», comprometido con la realidad cotidiana, sin buscar por semanas la palabra adecuada (afirmación no del todo justa, pues llevaba en realidad años preparando el arsenal de palabras). Parece significativo que para explicar este giro al ataque abierto, el primer volumen de *El instante* se inicie con una referencia a Platón. Kierkegaard parte, en efecto, refiriendo la tesis según la cual el mejor gobierno se da cuando lo ejerce gente idónea que en realidad no quiere ejercerlo. Precisamente en el momento en que Kierkegaard va a «descender» a un género de vida que parece menos propio de sabios, lo hace acudiendo a un texto capital de la tradición filosófica clásica: el texto de Platón al que refiere Kierkegaard se encuentra en el clásico mito de la caverna, que no sólo retrata una salida de la ignorancia —que es la parte popularmente conocida del mito— sino también una obligación de volver a descender a la caverna a intentar liberar a los hermanos prisioneros[322]. El hecho de que Kierkegaard aluda a este texto nos debiera ilustrar algo respecto de cómo la radicalidad de estos últimos escritos conserva cierta continuidad con una propuesta sapiencial más amplia. De lo mismo da testimonio un sermón publicado por Kierkegaard en la mitad de la contienda. Su título, *La inmutabilidad de Dios,* nos vuelve a poner, precisamente

---

[320] SKS 13, 129-130.
[321] SKS 13, 130.
[322] Platón, *República* 519c.

en el momento del unilateral ataque, ante un axioma clásico de la teología: como lo han visto sus mejores intérpretes, un sermón como ése en cierto sentido confirma lo que Kierkegaard está haciendo en el ataque, pero en cierto sentido también sirve de contrapunto a la aparente unilateralidad del mismo[323].

Pero ciertamente se trata de una fase de radicalidad, porque «lo decisivo» según escribe Kierkegaard, sólo se puede «instalar» de ese modo. Si el error de la época es un constante aceptar las cosas «hasta cierto grado», hay que oponerle un «o lo uno o lo otro». Lo que hace Kierkegaard a lo largo de estos textos es pues ofrecer algo así como una cura radical o, según la expresión que él mismo usa, un vomitivo: «imagínate vivir como si ésta fuera la adoración cristiana a Dios. Si lo imaginas, ¿no produce su efecto este vomitivo?»[324] Kierkegaard evidentemente se entiende aquí como alguien inserto en una tradición de denuncia profética, y su lenguaje busca no quedar atrás de los grandes profetas de Israel[325]. Pero si bien el vomitivo es dado para sacudirnos de encima a la cristiandad en general, a la «mediocridad humana» revestida de cristianismo, conviene ofrecer una explicación de los énfasis específicos de estos últimos textos de Kierkegaard.

Como hemos visto, el ataque se inicia con la pregunta respecto de si acaso el obispo Mynster había sido un testigo de la verdad. Dicha expresión nos muestra cierto giro respecto de la producción anterior. Si en la obra previa Kierkegaard enfatizaba factores como la interioridad —acento que tenía en común con Mynster— aquí el acento está puesto más bien en la presencia de signos visibles del discipulado cristiano. Un «testigo de la verdad» es alguien que es «azotado, maltratado, arrastrado de una prisión a otra»[326]. Dado que

---

[323] Véase Paul Martens y Tom Millay. «‹The Changelessness of God› as Kierkegaard's Final Theodicy: God and the Gift of Suffering» en *International Journal of Systematic Theology* 13, 2, 2011.

[324] SKS 13, 138.

[325] Para una lectura de Kierkegaard en dicha clave véase Westphal, Merold. *Kierkegaard's Critique of Reason and Society* The Pennsylvania State University Press, University Park, 1991 y sobre todo Plekon, Michael. «Prophetic Criticism, Incarnational Optimism: On Recovering the Late Kierkegaard» en *Religion* 13, 1983.

[326] SKS 14, 124.

el acento es ahora puesto en la presencia de tales signos, y siendo la presencia del sufrimiento el principal de los signos, Kierkegaard puede ahora sacar una conclusión radical: dado que el cristianismo implica necesariamente sufrir por el mismo, y dado que nadie en Dinamarca está sufriendo por el cristianismo, está claro que en Dinamarca no existe un solo cristiano. Las distintas críticas lanzadas por Kierkegaard contra la cristiandad oficial en buena medida pueden ser consideradas como conclusiones sacadas de dicha tesis principal.

Pensemos, por ejemplo, en la crítica al vínculo del cristianismo con el Estado, uno de los pocos temas que se encuentran presentes en todos los fascículos de la revista. Kierkegaard parece en este tema un aliado del conjunto de voces que a lo largo de la historia han denunciado la «santa alianza» de la cristiandad y que ven con mejores ojos un clima de persecución: «sí, que suceda. Lo que el cristianismo necesita no es la protección asfixiante del Estado; no, necesita aire fresco, persecución y —la protección de Dios»[327]. Si ser un testigo de la verdad implica sufrimiento, entonces es incompatible con tener tal protección del Estado, incompatible también con tener al mismo tiempo un sueldo por ser testigo de la verdad. En realidad es incompatible con cualquier «y»: ser un testigo de la verdad *y* un hombre felizmente casado o ser un testigo de la verdad *y* un profesor de testigos de la verdad —todo eso son combinaciones que rompen con la total heterogeneidad respecto del mundo con la que Kierkegaard caracteriza al testigo de la verdad.

Sólo así puede instalarse lo decisivo, y sería absurdo esperar que Kierkegaard le facilite al lector la tarea diciéndole «usted no se preocupe, esto sólo lo digo como correctivo para unos pocos». Pero desde luego la unilateralidad le ha valido a Kierkegaard críticas también de parte de quienes admiran su obra. Pues si bien es fácil estar de acuerdo con todo lo que parece ser rechazo de la hipocresía, el modo en que Kierkegaard plantea su crítica parece darnos un cristianismo completamente desequilibrado. En palabras de Bonhoeffer, en Kierkegaard «la cruz y el sufrimiento» se habrían convertido en un «principio» desconectado de las bendiciones del Antiguo Testamen-

---

[327] SKS 13, 206-207.

to y tendiente a generar una espiritualidad enferma[328]. ¿Es esto así? Un modo de plantearnos tal pregunta es precisamente comparando el modo en que Kierkegaard y Bonhoeffer llaman a la imitación y seguimiento de Cristo. Porque cuando Bonhoeffer critica la «gracia barata» evidentemente Kierkegaard es una de las influencias importantes. Pero mientras en Kierkegaard ese énfasis se desarrolla cada vez más en dirección a la ruptura con el mundo, en Bonhoeffer se desarrolla cada vez más en términos de un testimonio en el mundo[329]. Es más, en Bonhoeffer el discurso se transforma no sólo en uno de positiva valorización del mundo, sino también de la iglesia, que es aquello con lo que Kierkegaard más enfáticamente parece romper.

¿Será que entonces debemos estar de acuerdo con Kierkegaard sólo «hasta cierto punto» (frase de la que abominaría)? Podemos plantear la pregunta pensando en el estado característico de la religión hoy: por todas partes parece reconocerse cierto «retorno de la religión» —contra el mito de que la modernización traería consigo la seculazación—, pero con la misma fuerza se proclama que esto iría de la mano de desconfianza respecto de «la religión institucionalizada». Eso parecería poder leerse como un triunfo de Kierkegaard: subsiste la religión y la interioridad, pero se viene abajo la iglesia. A un nivel más profundo, sin embargo, parece revelarse una pérdida igualmente grande de cosas que Kierkegaard habría valorado: la época que no quiere institucionalidad, tampoco tiene carácter. Quien capte eso tendrá motivos para ser sospechoso de esa mentalidad antieclesiástica, y tendrá motivos para serlo no *a pesar de* Kierkegaard, sino *con* él. Porque el discurso tardío de Kierkegaard es virulento, y lo es contra la iglesia, pero precisamente en cuanto ésta es parte de la fusión que llama «cristiandad». Ausente se encuentra de su obra una reflexión positiva sobre la iglesia, pero en cierto sentido puede decirse que con su crítica a la cristiandad está *haciendo lugar* para dicha reflexión.

---

[328] Bonhoeffer, Dietrich. *Letters and Papers From Prison* (Dietrich Bonhoeffer Works, vol. 8) Fortress Press, Minneapolis, 2010. pág. 492.

[329] Para una iluminadora comparación véase Law, David. «Redeeming the penultimate: discipleship and Church in the thought of Søren Kierkegaard and Dietrich Bonhoeffer» en *International Journal for the Study of the Christian Church* 11, 1, 2011.

Kierkegaard: un clásico peculiar

Hemos concluido un recorrido general por la obra de Kierkegaard. Nuestra concentración inicial en la polémica, la aclaración y la edificación parece justificada. Ninguna de las tres prácticas parece exclusiva de alguna de las fases de su obra. Si en otros sentidos hay un giro significativo en 1846, con el cese de la gran producción pseudónima, o en 1848 con la convicción de un giro en la historia mundial, estas tres prácticas se encuentran no obstante equitativamente distribuidas a lo largo de toda su producción.

Al mismo tiempo, cabe notar que una mirada retrospectiva sobre lo que hemos visto hasta aquí parece sugerir que la pseudonimia no constituye una barrera infranqueable para la interpretación de la obra de nuestro autor: es posible respetarla, cuidarse de no identificar a Kierkegaard con alguno de sus pseudónimos, y al mismo tiempo ver en el conjunto de la producción algún sentido unitario. En particular hemos visto que es así en relación a los pseudónimos principales, como Climacus y Anti—Climacus. Al descender al detalle es posible que uno se encuentre con problemas, algunos de ellos tal vez insolubles. Pero no da la impresión de que éstos condenen al fracaso a cualquier intento por leer a Kierkegaard como un autor que tiene un mensaje que le importa transmitir de un modo que efectivamente toque al lector.

¿Pero cuál es ese mensaje? En *El instante* ha aparecido reforzada una imagen que por lo menos desde *Temor y temblor* podemos asociar con Kierkegaard: la de la individualidad excepcional, la excepción (*Undtagelse*) puesta sobre «lo general». Como lo dice en *La repetición*, «si no se puede explicar la excepción, tampoco se puede explicar lo general»[330]. Pero según hemos visto, este tipo de expresiones no suelen indicar que Kierkegaard sea un nominalista para el cual no se puede hablar de más que individualidades aisladas. En el mismo pasaje de *La repetición* afirma, en efecto, que «la excepción piensa lo general con enérgica pasión»[331], lo que nos recuerda que incluso cuando Kierkegaard se sitúa en la posición excepcional lo hace valorando lo universal, como Abraham valora la moralidad comunicable a otros, como Víctor Eremita publica los papeles de «B» sobre el matrimonio. En uno de sus discursos edificantes sobre la paciencia lo pone en términos elocuentes y tanto más llamativos hoy que en su tiempo: «contra esa diversidad que pretende embellecer la vida hasta el punto de la confusión», Kierkegaard escribe que «si la uniformidad no es el fundamento de la diversidad y la igualdad de la desigualdad, entonces todo está disuelto»[332].

Viene al caso tener esto presente cuando se evalúa la posición intelectual de Kierkegaard. Es una figura excepcional, y sería absurdo calificarlo de tradicional; pero sin clasificar a alguien de tradicional, se le puede de todos modos calificar como alguien muy clásico, y hay significativos sentidos en que eso puede hacerse con Kierkegaard. Es alguien excepcional, pero inscrito en la tradición intelectual de Occidente en muy variados modos; es excepcional como escritor cristiano, pero profunda y polémicamente arraigado en su propia tradición. Es alguien que no está cerrado al pensamiento moderno, pero que —por expresarlo con una de sus tempranas entradas de diario— advierte que «no es bueno entrar demasiado rápido en santo matrimonio con la ciencia»; es malo, le parecía, acabar intelectualmente como solterón, pero «es bueno estar soltero por un tiempo largo»[333].

Intentaremos, para finalizar, explorar esta cuestión con algo de detención. Lo haremos en primer lugar considerando el posicionamiento de Kierkegaard respecto de la tradición intelectual de Occidente. Esto puede sonar muy ambicioso, pero no pretendo aquí dar

---

[330] SKS 4, 93.
[331] SKS 4, 93.
[332] SKS 5, 196.
[333] Papir 193:3 / SKS 27, 253.

cuenta ni de quiénes han influido sobre él ni de cómo se relaciona él con cada uno de ellos. Lo que busco es ver cómo se sitúa respecto de grandes tradiciones. Asimismo consideraremos luego, muy brevemente, su relación con el protestantismo, tanto su relación polémica con el mismo como la posibilidad de tener a Kierkegaard por un modelo de pensador protestante. Finalmente, consideraremos qué se podría decir sobre Kierkegaard como pensador cristiano clásico.

1. Kierkegaard en la tradición intelectual de Occidente

En el invierno de 1842-1843 Kierkegaard comenzó a escribir una pequeña novela, la historia de un joven estudiante de filosofía. La obra lleva el nombre de su ensimismado protagonista, Johannes Climacus —más tarde el gran pseudónimo de Kierkegaard. El título completo es *Johannes Climacus o de omnibus dubitandum est*. Dicha tesis —que de todo hay que dudar— es el tema principal del inconcluso escrito. Johannes es un estudiante sin pasión alguna salvo por el pensamiento, un estudiante que ha decidido tomar en serio el llamado de sus profesores a dudar de todas las cosas, duda con la que, según le han dicho, se inicia la filosofía moderna. Pero esta observación sobre el modo en que se originó un periodo determinado de la filosofía, permite precisamente que se le abra la mente a que existe algo distinto de la filosofía moderna. Vale la pena leer con detención un párrafo de esta novela para captar el espíritu con que aquí es abordada la historia de la filosofía. Climacus, nos dice Kierkegaard,

> intentó entonces entender el sentido de que se le añada el calificativo de «moderna» a la filosofía, un evidente predicado histórico. La tesis [de que hay que dudar de todas las cosas], sólo era entonces una tesis sobre una determinada filosofía en la historia. [...] Pero de eso se seguía que había existido alguna otra filosofía más antigua, que no había empezado del mismo modo. [...] Entonces se preguntó si acaso una filosofía posterior no podría partir de otro modo, implicando así que la filosofía puede partir de muchos modos distintos y sin embargo seguir siendo filosofía. Intentando ser breve, se preguntó también si acaso una filosofía posterior podría también iniciar-

se del mismo modo que la antigua, o si acaso después de haber existido la filosofía moderna mediante la duda, esto tendría un efecto decisivo sobre todo el futuro[334].

El pasaje es parte de una novela (nunca acabada) y presenta así las dificultades de interpretación propias del género: no tenemos la menor idea de cuánto Kierkegaard se identifica con este joven estudiante. Pero eso no es aquí tan relevante, pues lo decisivo en un pasaje como éste es la conciencia de ciertos problemas. Si Kierkegaard se muestra consciente de ellos, eso ya lo libera del encierro en el que se encuentran los profesores del joven Climacus, que sólo repiten que la filosofía (moderna) debe empezar con la duda. En contraste con ellos, Climacus recuerda que la filosofía antigua comienza no con la duda sino con el asombro[335]. ¿Qué queda para una filosofía del futuro? ¿Está obligada a seguir con la duda? ¿Le está abierto el inaugurar un camino propio? ¿Puede volver a activar el origen antiguo? Tales preguntas pueden recibir diferentes respuestas, pero el solo hecho de que se planteen permite al menos impedir que se haga automática la identificación entre filosofía y filosofía moderna, y el huir de tal identificación es lo que da a Kierkegaard una libertad inusitada para su tiempo, volviéndolo uno de los grandes precursores de los nuevos caminos que recorrió la filosofía en el siglo XX.

Tal vez corresponda pensar en Kierkegaard como alguien que alternó entre las distintas respuestas que se puede dar a las mencionadas preguntas. Y hay razones para oscilar. En el pasaje recién citado, por ejemplo, continúa preguntándose si acaso el vínculo de la filosofía moderna con la duda no desempeña cierto papel retrospectivo también, de modo que no sólo impide que la filosofía futura comience de un modo distinto a la duda, sino que también vierte dudas sobre el filosofar antiguo: esto es, sobre la posibilidad misma de que veamos el pensamiento antiguo como filosofía. Si esa pregunta —que la novela no responde— fuera respondida positivamente, entonces no hay una filosofía antigua que pueda hacer frente a lo

---

[334] SKS 15, 27-28.
[335] SKS 15, 38.

moderno, sino que todo filosofar queda idenitifcado con el moderno. En tal caso, no es extraño si alguien como Kierkegaard ve a la filosofía entera como algo totalmente antitético a su propio proyecto, como ocasionalmente se puede ver en textos suyos. Por decirlo de otro modo, cuando Kierkegaard describe la filosofía en términos que lo obligan a evaluarla en bloque, tal evaluación acostumbra arrojar un dictamen negativo sobre la misma.

Pero en otros casos Kierkegaard plantea las cosas de un modo que no lo obliga a tal evaluación en bloque. Así contrasta, por ejemplo, con frecuencia el filosofar antiguo o «socrático», con el filosofar moderno o «alemán». Más que como un autor antifilosófico, Kierkegaard se nos presenta en tales casos como un autor antimoderno, con lo «alemán» funcionando como prototipo del conjunto del desarrollo filosófico desde el siglo XVII. Hay tópicos en los que es particularmente sencillo sacar a la luz ese contraste. Así ocurre, por ejemplo, con su posición respecto del principio de no contradicción. Éste, según él, habría sido abolido en la época moderna. Nótese que no sólo en la *filosofía* moderna. En *La época presente* puede verse que considera tal abolición como algo que se puede leer en el *carácter* contemporáneo, y sin duda piensa que algo análogo ha ocurrido en la teología: «decir sí y no a la misma vez, escribe en su diario, no es buena teología»[336]. En *O lo uno lo otro* el juez escribe a su amigo que «todos tus himnos de victoria sobre la existencia tienen un misterioso parecido a la teoría predilecta de la nueva filosofía, que el principio de no contradicción ha sido abolido»[337]. Se trata, por supuesto, de algo central para toda la producción de Kierkegaard —el «o lo uno o lo otro» busca precisamente curarnos de este mal—, y es un caso en el que no resulta nada forzado decir que Kierkegaard está luchando contra cierta filosofía moderna no sólo desde el cristianismo, sino desde la filosofía clásica. Kierkegaard no parecería pues concordar con aquel género de crítica a la tradición filosófica que intenta rechazar el pensamiento moderno y antiguo en bloque —por ejemplo, por estar ambos construidos sobre «metarelatos» o por

---

[336] AA:24 / SKS 17, 44.
[337] SKS 3, 166.

tener pretensiones «absolutas»—, sino que, reconociendo también las tensiones del cristianismo con el pensamiento antiguo, afirma sin embargo una diferencia crucial respecto del pensamiento moderno.

Demás está decir que esa caracterización sigue siendo muy poco diferenciada. Bien podría responderse que es un disparate el presentar el conjunto del pensamiento moderno como algo que está aboliendo el principio de no contradicción. Tal objeción es sin duda acertada, pero quien ha captado el carácter «impresionista» del conjunto del pensamiento de Kierkegaard, verá que estamos ante un paso más de ese mismo proceder, no ante una arbitraria posición antimoderna de un autor que en otros campos busque ser ecuánime y diferenciado. Por lo demás, y sin minimizar en sentido alguno el alcance antimoderno de su pensamiento, parece incorrecto abordar la producción de Kierkegaard como un capítulo más en la «querella entre los antiguos y los modernos». Su interacción positiva con antiguos, modernos y contemporáneos es, en efecto, muy variada; junto a la fuerte crítica del presente, hay en Kierkegaard un constante buscar alternativas entre todos ellos. Pero en cada uno de estos casos parece oportuno señalar que su conocimiento es tan vasto como selectivo. Junto a una gran admiración por la Edad Media, por ejemplo, hay un conocimiento sumamente precario de sus pensadores[338]. También cuando elogia a un autor moderno encontramos esa actitud selectiva. Así, entre los modernos no sólo aprecia a figuras antiilustradas como Hamann, sino también a Descartes; pero éste es elogiado no por alguna de sus tesis centrales, sino por haber escogido para sus escritos la forma de meditaciones[339].

En ocasiones un pensador contemporáneo es llenado de elogios a pesar de, o precisamente por ser un adversario. Así ocurre con Feuerbach, quien es tenido por Kierkegaard como el ejemplo primordial de «librepensador», pero a quien elogia por el gran servicio que así presta al cristianismo, porque al escandali-

---

[338] Al respecto véase Olivares, Benjamín. «Thomas Aquinas: Kierkegaard's View Based on Scattered and Uncertain Sources» en Stewart, Jon (ed). *Kierkegaard and the Patristic and Medieval Traditions* (KRSRR 4) Ashgate, Aldershot, 2008.
[339] JJ:14 / SKS 18, 148.

zarse por el cristianismo muestra que lo ha entendido mejor que los que lo aceptan en una versión mediocre. «Puede ser un malicioso demonio —escribe Kierkegaard— pero es útil para efectos tácticos»[340]. Más que táctica, en tanto, es la relación con Trendelenburg, un filósofo alemán cuyas clases Kierkegaard lamentó no haber llegado a visitar durante su tiempo en Alemania. Su caso es significativo, pues parece ser lo contrario de un «pensador existencial», sobre todo si bajo eso se entiende algo distinto de la filosofía académica. Trendelenburg, en efecto, fue catedrático en las universidades de Kiel y Berlín, y es conocido sobre todo por sus trabajos sobre la historia de la lógica y sus ediciones de Aristóteles. No parece, así, el prototipo de pensador afín a Kierkegaard. Sin embargo, es tal vez el filósofo contemporáneo respecto del cual es más irrestricto el elogio. Era «un hombre que piensa de modo sobrio y que afortunadamente ha sido educado por los griegos (¡una rara cualidad en nuestra época!), […] un hombre que se ha librado a sí mismo y a su pensamiento de cualquier relación con Hegel […], un hombre que ha preferido contentarse con Aristóteles y con su propio pensamiento»[341]. Kierkegaard consideraba «increíble» todo lo que había aprendido de Trendelenburg, de quien consideraba haber recibido el aparato filosófico para expresar ideas que había arrastrado por años[342]. La relación con Trendelenburg constituye así un excelente ejemplo de la productiva relación que alguien como Kierkegaard, situado fuera del mundo regular del trabajo intelectual, logró tener con la filosofía como disciplina académica, y un ejemplo también de cómo un pensador contemporáneo formado en la filosofía antigua podía ser tenido por Kierkegaard como «aliado contra la especulación»[343]. La caracterización de Kierkegaard como un autor en cierto sentido «clásico» no parece pues infundada, aunque esté lejos de ser suficiente para describirlo.

---

[340] SKS 22, 336.

[341] SKS 7, 106.

[342] SKS 19, 420.

[343] Para un análisis más detallado véase González, Darío. «Trendelenburg: An Ally against Speculation» en Stewart, Jon (ed.) *Kierkegaard and his German Contemporaries. Tome I: Philosophy* (KRSRR 6) Ashgate, Aldershot, 2007.

2. El lugar de Kierkegaard en la tradición intelectual protestante

Kierkegaard no sólo es un autor inscrito con fuertes raíces en la tradición intelectual de Occidente, como lo hemos visto, sino más específicamente en la tradición cristiana y, dentro de ella, en el protestantismo. Una vez más se trata de una relación polémica: Kierkegaard tiene sobre el protestantismo tesis más duras que el más virulento polemista católico. Así, ha sido muy positivamente recibido en parte de la tradición católica. Pero al mismo tiempo muchos protestantes han visto en su polémica simplemente un tipo de reforma interna del protestantismo, de un modo que no sólo *no* aparta a Kierkegaard del protestantismo, sino que lo vuelve una figura paradigmática del mismo. De este modo, desde las más variadas posiciones se lo presenta como un prototipo de pensamiento específicamente protestante. Así lo hacía, en su momento, Emil Brunner, quien en *Razón y revelación* presentaba a Kierkegaard como «un filósofo cristiano de primer rango», pero de una naturaleza apropiada para el protestantismo y totalmente distinta del tipo de acceso racional a Dios que ha sido cultivado en la tradición católica[344]. Junto a esos intentos por usarlo en una tradición contra la otra, también hay intentos por verlo como una suerte de fusión de las características típicas de cada una de ellas. Daphne Hampson, el tipo de pensadora que intenta acentuar las diferencias filosóficas entre el protestantismo y el catolicismo, ha presentado a Kierkegaard como una suerte de síntesis entre ambos modos de pensar[345]. Conviene que para abordar esta cuestión la tratemos en dos pasos, preguntándonos en primer lugar por la relación que Kierkegaard tiene con el protestantismo y, en segundo lugar, por la medida en que pueda ser razonable caracterizarlo como un pensador paradigmático para el mismo.

---

[344] Brunner, Emil. *Revelation and Reason* Chanticleer, Wake Forest, 1946. pág. 394. Véase toda la discusión entre las págs. 374-395.
[345] Hampson, Daphne. *Christian Contradictions. The Structures of Lutheran and Catholic Thought* CUP, Cambridge, 2001. págs. 249-284.

El juicio de Kierkegaard sobre el protestantismo

El juicio católico sobre Kierkegaard suele oscilar entre dos polos: o bien se lo tiene por un irracionalista que representa así los vicios que se cree ver en el protestantismo (aunque esta lectura es cada vez menos frecuente), o bien se ve en él otros rasgos que llevan a percibirlo como un autor en realidad profundamente católico, como alguien que «iba hacia la Iglesia e incluso hacia el tomismo»[346]. Entre los grandes renovadores del catolicismo en el siglo XX abundaron, en efecto, los ávidos lectores de Kierkegaard, como puede verse en el caso de Hans Urs von Balthasar, Eugen Biser, Romano Guardini, Theodor Haecker, Erich Przywara o Cornelio Fabro, por nombrar sólo a algunos[347]. Incluso Juan Pablo II recomendaba en su encíclica *Fides et Ratio* a Kierkegaard entre el tipo de autores que como Pablo, los padres de la iglesia y Pascal, realizan para la filosofía cristiana el trabajo positivo de «purificación de la razón por parte de la fe», en particular liberando a la razón de la presunción[348]. Así, no son poco comunes en el catolicismo las voces que han especulado sobre la conversión que Kierkegaard tendría que haber tenido en caso de vivir más años. Para sus tempranos críticos seculares como Georg Brandes la cuestión también se veía así: de haber vivido más, Kierkegaard tendría que haberse dirigido al «librepensamiento» o al «negro abismo católico»[349]. En lo que ambos lados están de acuerdo es que al menos no podría haber seguido siendo protestante.

Tal conclusión no nos debiera extrañar. Las palabras de Kierkegaard sobre el protestantismo —en particular en sus diarios, a los que aquí nos limitaremos— son muchas veces lapidarias. El protestantismo es descrito no por una dialéctica entre ley y evangelio, sino

---

[346] Castellani, Leonardo. *De Kirkegord a Tomás de Aquino* Editorial Guadalupe, Buenos Aires, 1973. pág. 9.

[347] Para una reflexión más extensa al respecto véase Mulder, Jack. *Kierkegaard and the Catholic Tradition. Conflict and Dialogue* Indiana University Press, Bloomington, 2010. Stewart, Jon. *Kierkegaard's Influence on Theology. Tome III: Catholic and Jewish Theology* (KRSRR 10) Ashgate, Aldershot, 2012.

[348] Juan Pablo II, *Fides et Ratio* n. 76.

[349] Brandes, Georg. *Søren Kierkegaard: en kritisk Fremstilling i Grundrids* Gyldendal, Copenhague, 1967. pág. 197.

más bien como un espanto tal ante la ley. Tal espanto mueve en dirección a un evangelio que está fuera de esa dialéctica; como bien lo ve Kierkegaard, con eso el evangelio deja también de ser evangelio, y en rigor es abolido el cristianismo. El protestante típico estaría entonces diciendo algo así como «no soy capaz de cumplir con la ley, desespero, salvo que la gracia sea introducida en términos tales que lleven a abolir el cristianismo»[350]. El protestantismo sería por tanto «completamente indefendible. Es una revolución causada por el levantamiento del apóstol (Pablo) a costa del maestro (Cristo)»[351]. Además, en lugar de ver el protestantismo como un movimiento que se aparta del cristianismo masificado y anónimo para centrarlo en la subjetividad individual, a Kierkegaard le parece «la mayor concesión en la historia del cristianismo a lo puramente numérico»[352].

Hay distintos modos de hacerse cargo de este tipo de afirmaciones. Puede, por ejemplo, afirmarse que Kierkegaard está juzgando no cualquier situación, sino el protestantismo como se da en Dinamarca en la primera mitad del siglo XIX. Hay razón para acentuar esto, pues Kierkegaard frecuentemente escribe así: «el problema del protestantismo, especialmente en Dinamarca...»[353]. Sus juicios de hecho suelen tener no sólo esa referencia geográfica particular, sino que suelen estar dirigidos muy explícitamente al cristianismo en estado de degeneración: «Cuando el catolicismo degenera, ¿cuál es la corrupción de más probable aparición? La apariencia de santidad. Cuando degenera el protestantismo, ¿qué tipo de corrupción hará su aparición? La respuesta es fácil: una mundanidad carente de espíritu»[354]. En ese tipo de balance el protestantismo suele salir peor parado que el catolicismo: del uno quedaría la fachada, del otro nada.

A esto alguien podría responder que tiene poco sentido comparar dos fenómenos sólo a partir de sus formas degeneradas, corrompidas. Pero Kierkegaard no parece pensar así. Pues a lo que esto le

---

[350] NB29:38 / SKS 25, 320.
[351] NB34:21 SKS 26, 332.
[352] NB34:21 SKS 26, 332.
[353] NB31:101 / SKS 26, 75.
[354] Papir 455 / SKS 27, 565.

abre el camino es a preguntar por el carácter *dependiente* del protestantismo. El protestantismo es por supuesto rechazado en su forma degenerada, pero no para simplemente elogiarlo en su forma no corrompida, sino para notar que en dicha forma no corrompida es y debe ser siempre un «correctivo», y un correctivo siempre lo es respecto de una norma. El protestantismo puede entonces ser algo legítimo, pero siempre que esté dispuesto a existir «en tensión» respecto de algo distinto de sí mismo. En el comienzo de la historia esto no es problema alguno, porque la Reforma es precisamente una situación de tensión. Lutero es ocasionalmente objeto de comentarios mordaces de parte de Kierkegaard, pero en este punto, cardinal para él, lo pone siempre como ejemplo de la situación en que el protestantismo puede tener algún sentido: Lutero es alguien que pasa la vida en medio de la batalla, y por eso tiene siempre por delante las presuposiciones con referencia a las cuales su mensaje tiene sentido[355].

Pero imaginemos, escribe Kierkegaard, una situación en la que la conclusión a la que Lutero llegó es mantenida, pero introducida en un lugar en el que no hay noción de las presuposiciones, en una situación en la que no queda signo de la batalla dada en tensión. «Imaginemos un país remoto, desconectado en todos los sentidos del catolicismo, en el que se introduce la conclusión luterana; ahí vive una generación que jamás ha oído hablar del otro lado de la historia, expresado en el monasterio, el ascetismo, etc., el lado exagerado por la Edad Media —una generación que desde la infancia ha sido criada y malcriada por la conclusión de Lutero respecto de cómo consolar a la conciencia atribulada. ¡Pero aquí no hay nadie, nótese bien, nadie que en el más mínimo sentido tenga una conciencia atribulada!»[356] La tensión está, por tanto, particularmente bien eliminada ahí donde no sólo hay distancia cronológica respecto de la Reforma, sino donde hay distancia geográfica respecto del catolicismo, donde se llega a tener países protestantes. Por eso las referencias a Dinamarca no son algo casual que podamos pasar por alto los de otras latitudes,

---

[355] Papir 455 / SKS 27, 563.
[356] Papir 455 / SKS 27, 564.

sino que son algo que lleva a Kierkegaard a plantear la pregunta por la capacidad de existencia independiente del protestantismo. La respuesta parece a todas luces negativa.

Sería raro leer este conjunto de posiciones como una sencilla preparación para un eventual paso al catolicismo romano. Kierkegaard mismo describe la situación diciendo que «mi interés no es reintroducir el monasticismo, incluso si fuese capaz de ello; sólo estoy intentando ayudar a que, a través de ciertas admisiones, lleguemos a un entendimiento con la verdad»[357]. Pero hay que leer afirmaciones como ésta con sus dos énfasis: así como muestra que Kierkegaard no estaba «a un paso del catolicismo», muestra también que hay una verdad fundamental con la que el protestantismo según Kierkegaard tenía que ser confrontado, y que para enfrentar tal verdad el protestantismo tendría que hacer «admisiones».

Por otra parte, esto convive con una valoración positiva de diversos aspectos y figuras específicas del protestantismo. Hay, en primer lugar, un aprecio positivo por el énfasis personal del mensaje de Lutero, por el «para mí». Pero no se trata de una influencia de Lutero sobre Kierkegaard (como la que le gustaría encontrar a quienes interpreten a Kierkegaard como un subjetivista *a causa de* su luteranismo). En 1847, de hecho, Kierkegaard lee un sermón de Lutero y afirma que su propio llamado a la interioridad «es propio de Lutero», pero —añade— «jamás he leído algo de Lutero»[358]. Sólo entonces comenzaría a leerlo, en particular los sermones, de un modo que le permite acentuar el contraste entre Lutero y el protestantismo posterior. También en esos casos, sin embargo, Lutero suele ser objeto de duras críticas, que lo responsabilizan por dicho posterior desarrollo, por ejemplo por la liviandad de sus charlas de sobremesa: «un hombre de Dios sentado en plácida comodidad, rodeado por admiradores que creen que cualquier exabrupto suyo es una revelación»[359]. Al margen de cualquier objeción específica que

---

[357] Papir 455 / SKS 27, 567.
[358] NB3:61 / SKS 20, 274-5.
[359] NB29:12 / SKS 25, 303-4.

se quiera hacer de tal lectura de Lutero (y se puede hacer varias)[360], puede ser importante notar que dichas dudas respecto de Lutero lo llevan a buscar una alternativa en otros autores del protestantismo de segunda generación, notoriamente Melanchthon y Calvino. De éstos había antes de 1847 leído tan poco como sobre Lutero, pero entre dicha fecha y 1851 eso cambia.

¿Qué es lo que busca en ellos? En 1852 Kierkegaard escribe que «si el cristianismo va a ser reintroducido en la cristiandad, tiene que volver a ser incondicionalmente proclamado como imitación [*Efterfølgese*, seguimiento, discipulado], como ley»[361]. Tal modo de plantear la cuestión puede por supuesto sonar chocante para quienes se están esforzando particularmente por huir de una concepción legalista del cristianismo (huida que entienden como muy protestante). Pero Kierkegaard, de un modo peculiar, se encuentra aquí parado en el centro de la tradición protestante, en la dialéctica entre ley y evangelio, tan típica del protestantismo de segunda generación[362]. No está buscando «reintroducir el cristianismo en la cristiandad» desde fuera de esa dialéctica, sino desde dentro de ella. Pero aparentemente considera que la forma que esta dialéctica tiene en Lutero lleva a finalmente sólo quedar con el evangelio; pero éste, arrancado de tal dialéctica, deja de ser evangelio (desde luego no es «buena noticia» si no lo es respecto de algo, cosa que no puede ser si ha quedado solo) —se vuelve así lo que Bonhoeffer ha llamado «gracia barata». A esto alguien podría responder que si Kierkegaard sólo habla de reintroducir la imitación, la ley, tampoco él es dialéctico, tampoco

---

[360] En particular debe ser mecionado que Kierkegaard no presta atención alguna a las controversias tardías (e intraprotestantes) de Lutero, ni a las primeras controversias internas del luteranismo tras la muerte de Lutero. Ahí habría encontrado una temprana expresión de sus propias inquietudes.

[361] NB27:42SKS 25, 156.

[362] Para el trasfondo del siglo XVI puede verse Wengert, Timothy. *Law and Gospel. Philip Melanchthon's Debate with John Agricola of Eisleben over Poenitentia* Baker, Grand Rapids, 1997 y Horton, Michael. «Calvin and the Law—Gospel Hermeneutic» en *Pro Ecclesia* 6, 1997. Para la tardía atención prestada por Kierkegaard a estos autores véase Yoon—Jung Kim, David. «John Calvin: Kierkegaard and the Question of the Law's Third Use» en Stewart, Jon. Kierkegaard and the Renaissance and Modern Traditions. Tome II: Theology (KRSRR 5) Ashgate, Farnham, 2009.

él preserva la tensión entre ley y evangelio. Efectivamente, pero a eso cabe responder que también en esto se concibe a sí mismo como un correctivo. Él mismo preveía que «van a quejarse porque sólo proclamo la ley, que pido demasiado fuertemente la imitación [...]. Y van a decir que no hay que detenerse ahí, que hay que ir más allá, a la gracia, donde hay paz y tranquilidad»[363]. Para ser un correctivo, para dejar que las impresiones calen hondamente, no puede responder con rapidez a esa objeción.

¿Un pensador para el protestantismo?

En segundo lugar, consideraremos aquí brevemente en qué medida Kierkegaard puede ser levantado como ejemplo paradigmático de lo que debiera o pudiera ser el pensamiento protestante. Cuando se plantea semejante pregunta, suele ser entendiendo al protestantismo como una tradición en la que se acentúa el carácter paradojal de la fe cristiana. Así ocurre, por ejemplo, en un temprano ensayo de Bonhoeffer que habla sobre «la locura de la idea cristiana de Dios, de la cual testifica todo pensamiento genuinamente cristiano, desde Pablo a Agustín, Lutero, Kierkegaard y Barth»[364].

Para evaluar este tipo de llamados, conviene notar que éstos nos ponen ante una pregunta que puede y debe ser abordada también al margen de Kierkegaard: la cuestión de si acaso es deseable o razonable buscar un «pensamiento protestante» (y, por extensión, de si acaso se puede alinear de un modo tan sencillo a los autores citados por Bonhoeffer). Diremos aquí algunas breves palabras al respecto. Cabe partir notando que «pensamiento protestante» puede significar cosas muy distintas. Podría significar un pensamiento desarrollado nutriéndose de modo particularmente significativo de autores en la tradición protestante. Tal idea no parece tener nada de problemática: el escribir desde dentro de una tradición permite por una parte darse a entender a la misma, hacerlo con mayor conciencia de los problemas que le son propios a tal tradición, y poner al

---

[363] NB20:150 / SKS 23, 471.
[364] Bonhoeffer, Dietrich. *Barcelona, Berlin, New York: 1928-1931* (Dietrich Bonhoeffer Works vol. 10) Fortress Press, Minneapolis, 2008. pág. 460.

mismo tiempo algunos énfasis que para dicha tradición sean particularmente significativos. En ese sentido puede decirse que la idea de un pensamiento protestante parece un proyecto legítimo, y que bien puede pensarse en Kierkegaard como alguien que en cada uno de esos puntos parece un buen exponente: es alguien cuya obra logró encontrar eco entre lectores protestantes, que conserva énfasis característicos del protestantismo, pero que también está particularmente consciente de los riesgos propios de nuestra tradición.

Ahora bien, en ese primer sentido no hay necesidad de pensar en una tradición como algo autosuficiente: pensar dentro de la tradición protestante, en ese primer sentido, es compatible con sentirse deudor de una tradición más amplia también. Pero la idea de un pensamiento protestante podría también tener un significado más excluyente, en el sentido de que pretenda ser una alternativa a un pensamiento católico; y muy probablemente es sobre todo en ese sentido que se suele pensar la cuestión. ¿Tiene sentido desear o promover algo semejante? ¿Sería Kierkegaard un buen candidato a levantar en tal caso? Al plantear dichas preguntas tiene sentido preguntarse si acaso no debiera tomarse en cuenta lo que vimos en la sección precedente sobre el juicio de Kierkegaard respecto del protestantismo. Por decirlo de un modo muy simple, hemos visto que Kierkegaard considera que el protestantismo puede ser legítimo como correctivo, pero no como norma. La idea de un «pensamiento protestante» como algo normativo debiera entonces palmariamente resultarle absurda.

Pero hay más motivos para dudar de alinear a Kierkegaard con un proyecto de esas características. Ya hemos visto la actitud que Kierkegaard toma ante la filosofía moderna en su novela *Johannes Climacus o de todo hay que dudar*; pues bien, dicha obra es en buena medida la respuesta de Kierkegaard a las lecciones dictadas por Martensen en el invierno de 1838-39, en las que Descartes era presentado como originador de una «filosofía protestante» que alcanzaría su culminación en el idealismo alemán[365]. Resulta irónico, por decir lo menos, que siendo Kierkegaard uno de los grandes adversarios de tal tradición filosófica, y más aún de Martensen —quien aquí pro-

---

[365] Al respecto véase Hannay, *Kierkegaard. A Biography* págs. 230-231.

pone una «filosofía protestante» precisamente del tipo rupturista con la tradición precedente—, se vincule a nuestro autor ese tipo de proyecto. El proyecto de este tipo de «pensamiento protestante» parece pues ser en sí mismo criticable y tanto más en relación a Kierkegaard. Lo que parece tener sentido es limitarse al primer modo (más «débil») en que hablé de un pensamiento protestante: Kierkegaard se nutre de autores de su propia tradición, es consciente de los problemas de la misma, y por eso habla también a ella con particular fuerza. Pero vista así, señalábamos, una tradición no es autosuficiente: Kierkegaard es alguien que se nutre de una tradición intelectual más amplia, pero es alguien que no sólo se nutre de ella, sino que la expresa y mantiene viva. A eso dirigiremos la mirada para terminar.

3. Kierkegaard como pensador cristiano clásico

Clasificar a Kierkegaard como un pensador «tradicional» tiene, como ya hemos dicho, muy poco sentido; pero un término como «clásico» no estaría totalmente fuera de lugar. Hemos visto el modo amplísimo en que es deudor de la tradición literaria e intelectual de Occidente. Dicha tradición es además una significativamente marcada por el cristianismo, y por lo que hemos visto Kierkegaard parece enraizado en una tradición intelectual cristiana que si bien conoce de modo selectivo, le interesa en toda su catolicidad. En un último paso intentaremos pues ver en qué medida alguien tan excéntrico como Kierkegaard puede ser considerado un «pensador cristiano clásico». Como botones de muestra me limitaré aquí a dos puntos, al modo en que Kierkegaard habla sobre la individualidad y al modo en que entiende la apologética.

Ser un individuo

«Cualquier valor moral que alguna vez llegue a tener mi pensamiento está conectado con la categoría de <individuo>»[366], escribe Kierkegaard. En otras secciones lo hemos defendido de la acusación

---

[366] SKS 16, 99.

de un individualismo burdo. Pero también debemos dar una explicación de lo que positivamente quiere decir con su énfasis en el individuo. Porque el énfasis es inequívoco: «toda mi visión sobre la masa es algo que en su momento tal vez pareció exagerado, incluso entre la gente más clarividente; pero ahora, en 1848, [...] la objeción más plausible sería que no exageré lo suficiente»[367]. Tenía razones de sobra para afirmar que se había adelantado a los hechos, y razones también para pensar que su modo de enfatizar la individualidad seguiría estando vigente por mucho tiempo. Piénsese, por ejemplo, en la actualidad de afirmaciones como la siguiente:

> Ser «persona pública» en estos tiempos, pero extrañarse de que de vez en cuando uno sea insultado, eso es como extrañarse de que oficiando como jefe de bomberos nuestra ropa se manche. Lo central es efectivamente estar guiando bien; en ese caso las manchas en la ropa no tienen sino un significado positivo, y en la noche nos sacamos la ropa. En la muerte nos sacamos la última capa de ropa, en la que habrán quedado pegadas las burlas —más lejos que eso no llegan[368].

La independencia de juicio, el valor para afirmar posiciones contra la posición dominante, son actitudes para las que se puede encontrar innumerables exhortaciones en su obra. Pero importa aclarar exactamente qué noción de individualidad es la que está detrás de esas exhortaciones. Para aclarar el tipo de visión de la realidad que Kierkegaard busca transmitir con su insistencia en la individualidad, podemos partir por un pasaje de los diarios en que ésta es iluminada desde dos perspectivas: por la oposición al comunismo, y por el vínculo con la idea de temor a los hombres. En el pasaje en cuestión Kierkegaard habla del «temor a los hombres» como

> la más peligrosa de todas las tiranías, en parte porque no es directamente obvia y se vuelve necesario llamar la atención sobre ella. Tanto en otros países como entre nosotros, los comunistas luchan por los derechos del hombre. Bien, lo mismo hago yo.

---

[367] SKS 16, 49.
[368] NB2:200 / SKS 20, 129.

Pero por la misma razón lucho con toda mi fuerza contra el temor a los hombres. El comunismo en último término lleva a tal tiranía, al temor a los hombres (baste con ver cómo Francia sufre bajo ella). Para el cristianismo éste es el punto de partida. Aquello de lo que el comunismo hace tanto alarde, el cristianismo lo toma como algo evidente: que los hombres son iguales ante Dios, y que por tanto son esencialmente iguales entre sí. Pero el cristianismo se estremece ante esta abominación que busca abolir a Dios y crear temor a la multitud de hombres, a la mayoría, al pueblo, al público[369].

Esta referencia al comunismo es por supuesto sumamente general, aunque el año 1848 una vez más da una vaga idea de los movimientos que Kierkegaard puede haber tenido en mente. Ahora bien, vale la pena notar que es un concepto bíblico el que sirve de base para la crítica. Pues «temor a los hombres» es en la Biblia lo opuesto al «temor de Dios». Quien tiene éste, se ve liberado del temor a los hombres, y por eso el temor de Dios es llamado también principio de la sabiduría. En *La enfermedad mortal* Kierkegaard afirma que dicho temor de Dios tiene en el mundo griego un equivalente: la ignorancia socrática[370]. Con eso en mente bien cabe decir que el llamado de Kierkegaard al cultivo de la individualidad tiene algo de pertenencia a una tradición sapiencial tanto antigua como bíblica, más que a algún tipo de radical individualismo.

En el mismo pasaje del diario que he citado, la igualdad es enraizada en la idea de que somos iguales ante Dios, y dicho «ante Dios» es una categoría central para toda la preocupación kierkegaardiana por la individualidad. Que debemos aprender a concebir nuestra existencia como una vida «ante Dios» (*coram Deo*) es un tópico estándar en la literatura cristiana. Junto a la noción de «temor a los hombres» es pues un segundo modo muy clásico en que Kierkegaard está abordando su aproximación a la individualidad[371]. Pero ade-

---

[369] NB4:113 / SKS 20, 339.

[370] SKS 11, 211.

[371] Contra Hampson, *Christian Contradictions* pág. 252, quien expresamente aparta a Kierkegaard de la idea de que la vida ética sea un actuar *coram Deo*, que es lo que haría tan grave la caída moral.

más, en la segunda mitad de *La enfermedad mortal* ya hemos visto que la categoría de pecado se introduce precisamente por el cambio que se produce en la autoconciencia al evaluarse el hombre no sólo conforme a la medida de sí mismo, sino como «un yo delante de Dios»[372]. «¿Acaso no es una nueva realidad infinita, se pregunta ahí Kierkegaard, la que alcanza el yo al saber que existe delante de Dios y convertirse en un yo humano cuya medida es Dios?»[373] Como en pocos lugares, Kierkegaard es aquí enfático en afirmar la superioridad de «la antigua dogmática» ante desarrollos recientes, por la precisión con que definía el pecado como algo que tenía lugar «ante Dios»[374]. Kierkegaard habla del «individuo» como de una categoría «suya», pero como podemos ver se encuentra muy fuertemente enraizado en una más larga tradición de reflexión al respecto.

Pero la noción de individualidad ante Dios invita no sólo al concepto de pecado, sino también a un concepto positivo como el de conciencia. Para iluminar esto podemos dirigirnos a *La pureza de corazón*, uno de los *Discursos edificantes en diversos espíritus* publicados por Kierkegaard en 1847. Dicho tratado tiene por objetivo dirigirnos desde la duplicidad a la unidad personal —una vez más un tema clásico de la tradición. El discurso número trece de esta obra parte precisando que el llamado a ser un individuo no es como los llamados a ser «alguien especial», alguien al que otros admiran por ello. Se trata, por el contrario, de la «vocación eterna» que sólo puede ser vivida si consideramos nuestra vida como transcurriendo «ante Dios». El «individuo» no es alguien «especial», sino simplemente quien no se esconde de esa existencia ante Dios: Adán buscó esconderse entre los árboles, escribe Kierkegaard, mientras que al hombre contemporáneo le ha parecido «más fácil y conveniente esconderse entre la multitud»[375]. Cuando dejamos ese escondite, cuando ningún tercero se interpone entre el hombre y su Creador, hay un actuar en conciencia, que lejos de hacer que destaque un individuo nos recuerda la igualdad de todos ante el Creador.

---

[372] SKS 11, 194.
[373] SKS 11, 194.
[374] SKS 11, 194.
[375] SKS 8, 228.

Eso puede no ocurrir en esta vida, pues efectivamente es posible esconderse, acallar la voz de la conciencia, o dejar que se escuche como una sola voz entre otras. Kierkegaard concibe en cambio la eternidad como un lugar en el que nos enfrentamos al silencio de las otras voces, porque «¿en qué consiste la rendición de cuentas sino en la voz de la conciencia para siempre destinada, por derecho eterno, a convertirse en la única voz?»[376] Pero el punto no es que nuestra voz valga ahí más que la de otros. La voz de la conciencia es contrapuesta no simplemente a la de los otros, sino a las falsas voces propias, al autoengaño y la evasión: «uno fácilmente se acostumbra a hablar de sí mismo como si fuera una tercera persona. Pero en la eternidad tú eres un individuo, y la conciencia cuando habla contigo no es ninguna tercera persona, como tampoco tú eres una tercera persona al dialogar con la conciencia. Pues tú y la conciencia son una misma cosa»[377].

Una breve revisión como ésta nos permite notar la medida en que el pensamiento de Kierkegaard, a veces imperceptiblemente, está marcado por la tradición bíblica. Más aún, ahora resulta comprensible por qué Kierkegaard afirma como si fuera una misma cosa, que el propósito de su obra es averiguar cómo llegar a ser cristiano, y que el propósito de su obra es averiguar cómo llegar a ser un individuo: las dos preguntas en alguna medida le parecen coextensivas. Pero la correspondencia entre esas dos preguntas parece indicar que se puede argumentar a favor del cristianismo, y eso nos conduce al último de nuestros temas, la pregunta por la posibilidad de la apologética.

Condiciones para defender lo incondicional

Atendimos, al comenzar este libro, a la relación de Kierkegaard con su padre, y su pasajero distanciamiento respecto del cristianismo. Tal distanciamiento respecto del cristianismo y el padre tuvo por efecto que pronto pudiera volver a defender la fe del padre sin sentir que se encontraba simplemente siguiendo la tutela del mismo. Así es como ya en sus primeros diarios lo encontraremos anotando en sus papeles defensas del cristianismo, en particular contra

---

[376] SKS 8, 228.
[377] SKS 8, 231.

intentos por adaptarlo a alguna filosofía moderna. Así, escribe que «lo que Schleiermacher llama <religión> y los dogmáticos hegelianos llaman <fe> no es otra cosa que la primera inmediatez, la condición de todo, el fluido vital, la atmósfera que en un sentido espiritual inhalamos —y que por tanto no debiese ser designada con tales palabras»[378]. Con afirmaciones como ésa Kierkegaard está intentando desde temprano preservar lo específico de la fe y de la religión ante explicaciones que considera reduccionistas. Y esto, haremos bien en recordar, ocurre en un contexto de comienzos de siglo XIX, donde ya ha habido generaciones de discusión entre racionalismo y supranaturalismo. Esto merece ser mencionado, pues como a Kierkegaard se le suele presentar sobre todo a la luz de una serie de temas que parecen ser muy suyos (individuo, angustia, elección, etc.), es fácil perder de vista cuán presentes tiene él las grandes discusiones en que el cristianismo se ve implicado a propósito del desarrollo intelectual moderno.

Para ilustrar dicho punto podemos mencionar que durante la etapa de formación de Kierkegaard se había introducido en la discusión danesa la pregunta respecto de si acaso la alternativa entre racionalismo y supranaturalismo debía seguir siendo mantenida, o si acaso la alternativa no podía ser superada por el pensamiento de la nueva época. Mientras algunos afirmaban que a la luz de Hegel tanto el racionalismo como la tradicional posición supranaturalista de los cristianos había quedado obsoleta, el obispo Mynster defendía la disyuntiva como una aún vigente. «O lo uno, o lo otro», afirmaba en su artículo «Racionalismo, supranaturalismo», que desató una larga querella en la vida intelectual danesa[379]. Para nuestros propósitos la importancia de tal querella salta a la vista: Martensen se encontraba entre los defensores de la «superación» de la disyuntiva, enrostrando a Mynster a lo largo de su respuesta el «o lo uno o lo otro» de su posición, preguntando «si acaso no es la tarea de nuestro tiempo

---

[378] Papir 92 / SKS 27, 112.

[379] El artículo de Mynster y el conjunto de las respuestas han sido recientemente traducidos y publicados por Stewart, Jon (ed.) *Mynster's «Rationalism, Supernaturalism» and the Debate about Mediation* Museum Tusculanum Press, Copenhague, 2009.

superar este desastrozo *aut—aut*[380]. El título de la primera obra de Kierkegaard, *O lo uno o lo otro*, apenas podría ser más enfático en el modo en que toma partido por Mynster contra Martensen. Considerar dicho título en este contexto nos permite notar que en esta obra Kierkegaard llamaba no sólo a la elección entre vida estética y vida ética, sino a una mentalidad abierta a disyuntivas radicales también en el plano ontológico, como aquella entre naturalismo y supranaturalismo. Así lo había insinuado Kierkegaard ya en 1842, en carta a su amigo Emil Boesen, al comentarle la genialidad del título que «no sólo es agudo, sino que tiene importancia especulativa»[381]. No se trata pues simplemente de una oposición a la tibieza moral, sino a un más general espíritu de «síntesis», en el que por ejemplo se sigue hablando de revelación, pero de un modo puramente inmanente, como «los filósofos que tratan todo conocimiento, la misma existencia de Dios, como algo producido por el hombre. Así, no se puede hablar en sentido estricto de revelación, sino que la ven como una lluvia que cae del cielo — aunque el agua misma que cae proviene de la tierra»[382]. Como los mejores apologetas, Kierkegaard advierte aquí contra los que esconden cuestiones controversiales tras palabras piadosas, e invita a la confrontación franca.

Eso parece ponernos ante un autor que parece ser un apologeta en un sentido bastante clásico del término. ¿Lo es? Al respecto cabe cierta discusión, discusión que puede arrancar del mismo título: *O lo uno o lo otro* ha sido muchas veces leído como un título que invita a una suerte de «elección radical» que no reposa sobre argumentos a favor o en contra de alguna de las partes de la disyuntiva[383]. Si es así, parece claro que no puede ser considerado un apologeta en el sentido usual del término. Los dos modos de leer a Kierkegaard han de hecho estado presentes desde el comienzo de la recepción internacional de su obra: los primeros académicos escandinavos que

---

[380] Martensen, «Rationalism, Supernaturalism and the principium exclusi medii» en *Mynster's «Rationalism, Supernaturalism»* pág. 138.

[381] Kierkegaard, *Briefe* pág. 59.

[382] EE:151 / SKS 18, 53.

[383] Más allá de los estudios kierkegaardianos esta imagen de Kierkegaard ha sido popularizada por obras como *Tras la Virtud*, de Alasdair MacIntyre.

llevaron su obra al mundo angloparlante, como David Swenson, lo llevaron como un clásico apologeta cristiano, mientras en el mundo europeo era simultáneamente popularizado por una figura como Barth, para quien participar de la apologética equivalía derechamente a abandonar el trabajo teológico.

¿Podemos entonces alcanzar claridad sobre lo que Kierkegaard mismo pensaba respecto de la práctica de defensa argumentativa de la fe? Llamados a tal defensa existen desde el Nuevo Testamento, como cuando Pedro llama a estar preparados para dar razón de la esperanza que hay en nosotros. Así, no hay que extrañarse de que desde las primeras generaciones de cristianos encontremos la práctica de la apologética. Pero hay afirmaciones en que Kierkegaard, reconociendo la existencia de tal desarrollo, lo deplora: «el primero que introdujo la idea de defender el cristianismo es *de facto* el segundo Judas»[384], afirma; y ser un segundo Judas desde luego es algo muy distinto de ser un segundo Pedro. Para entender las razones de este aparente rechazo de la apologética, conviene partir por dirigir la mirada a *La enfermedad mortal*. Si hacemos eso, lo primero que salta a la vista es el hecho de que es un tipo específico de apologética el que es rechazado, a saber, «toda defensa del cristianismo cuya base es dejar fuera el escándalo»[385]. En la medida en que la posibilidad del escándalo es preservada —es decir, en la medida en que la apologética deja de ser un intento por hacer simplemente «digerible» el cristianismo—, la apologética misma no sería pues problemática. Kierkegaard escribe, por cierto, que «quien defiende el cristianismo nunca ha creído en él», y tal afirmación, dejada por sí sola, podría desmentir lo anterior. Podría dar la impresión de estar basada en una contraposición entre fe y razón, de modo que si se cree no se argumenta. Pero basta leer una línea más para ver a Kierkegaard afirmando que «si se cree, el entusiasmo de la fe no lleva a una defensa, sino a un ataque»[386]. Queda pues claro que no es el proceder argumentativo el que queda descartado por la fe, sino el proceder pura-

---

[384] SKS 11, 200.
[385] SKS 11, 197.
[386] SKS 11, 200.

mente defensivo. Es más, se podría afirmar que esta distinción entre lo defensivo y lo «ofensivo» o positivo confirma que Kierkegaard es un apologeta en un sentido bastante normal, pues en la filosofía de la religión contemporánea es común la distinción entre apologética negativa y positiva.

Pero en el mismo texto de *La enfermedad mortal* hay todavía una precisión más, que nos puede indicar más claramente el tipo de apologética que alguien como Kierkegaard propiciaría, y el motivo por el que rechazaría otros tipos. Una vez más el contexto es el rechazo de actitudes puramente defensivas, pero ahora Kierkegaard precisa el tipo de denfesa que rechaza: lo rechazado es aquella defensa que lleva a dejar de tener lo defendido por incondicional. Para ilustrar esto introduce una comparación que usa en muchos lugares de su obra, la comparación con un enamorado. «¿Crees que a un enamorado se le ocurriría iniciar una defensa de su enamoramiento? ¿No concedería así que su enamoramiento no es para él algo absoluto, incondicionadamente absoluto?»[387] Lo que rechaza es pues el intento por defender la fe como desde fuera. Su propio proyecto tiene entonces que ser uno que parte por la fe. ¿Pero se puede seguir llamando a eso apologética?

Para entender la posición de Kierkegaard en esta materia puede ser útil atender a la división hoy frecuente entre una apologética «evidencialista» y otra «presuposicionalista»[388]. Por una parte estarían quienes consideran que lo fundamental es presentar evidencias, y que éstas, de ser suficientes, convencerán al interlocutor. Por otra parte están quienes afirman que cualquier acumulación de evidencias será insuficiente, pues el interlocutor las analizará desde sus presuposiciones, y éstas serán las determinantes —la apologética se debería entonces concentrar en explorar el tipo de presuposiciones que conducen a distintas conclusiones. Kierkegaard, como acabamos de ver, parece ser más bien afín a este segundo tipo de proyecto. En *Las*

---

[387] SKS 11, 215.

[388] Para una equilabrada presentación véase Evans, C. Stephen. «Approaches to Christian Apologetics» en Campbell Campbell—Jack y Gavin McGrath *New Dictionary of Christian Apologetics* IVP, Downers Grove, 2006.

obras del amor lo dice con todas sus letras: «El cristianismo no procede como los filósofos etéreos que empiezan sin presuposición alguna, o con una presuposición aduladora»[389]. Ahora bien, desde luego cabe afirmar que tales caminos no tienen por qué constituir alternativas. Así como el evidencialismo puede parecer ingenuo si ignora la variedad de perspectivas desde las que leemos la evidencia, un presuposicionalismo cerrado a reaccionar ante evidencias también puede caer en un perspectivismo relativista o en ideología incapaz de enfrentarse con la realidad

Ahora bien, incluso si pensamos de un modo integrado estos dos caminos, parece claro que Kierkegaard obedece por sus énfasis a una lógica más bien presuposicionalista. En el *Postscriptum*, de hecho, ironiza de modo frecuente contra el proyecto opuesto, el de trabajar sin presuposiciones, o con un punto de partida neutral: «la consideración especulativa posee la ventaja de no tener ninguna presuposición. Parte de la nada»[390]. «El sistema comienza de lo inmediato, sin presuposiciones»[391]. Una vez más, Kierkegaard introduce aquí la comparación con el enamoramiento, la idea de que sólo quien empieza a avergonzarse de la persona amada podría empezar a ofrecer una defensa de la misma, como para volverla respetable ante los incrédulos. Quien ama no defiende, porque quien ama se apoya de modo incondicional en lo amado. Ahora bien, si el tipo de apologética en la que se embarca Kierkegaard es una particularmente atenta a no abandonar el escándalo y a saber partir por la fe, ¿qué clase de argumentos podría eso implicar? Un tipo relativamente frecuente de argumento en Kierkegaard es llamar la atención sobre lo inconcebible que es la encarnación, para desde ahí sugerir que esta creencia, que efectivamente existe, no parece venir de hombre alguno. Así, un imaginario interlocutor en las *Migajas* se queja porque el proyecto de pensamiento que Climacus ha inventado en realidad ya existe (el interlocutor se ha dado cuenta de que se trata del cristianismo), y le enrostra a Climacus ser como un vagabundo

---

[389] SKS 9, 24.
[390] SKS 7, 55.
[391] SKS 7, 108.

que cobra por observar la plaza pública, un lugar al que todos tienen acceso gratuito. Climacus responde irónicamente presentándose como avergonzado, y le concede al interlocutor el honor de ser él el autor de esta idea; asume que tal propuesta será rechazada y que el interlocutor rechazará en realidad cualquier autor humano que sea nombrado como autor de esta propuesta que llamamos cristianismo. No es que el cristianismo sea incomprensible, pues podemos ver que una vez existiendo es objeto de cierta comprensión; lo sugerido es, por decirlo así, que aunque se trata de una idea comprensible, ninguna mente humana puede haber introducido tal idea en el mundo. Eso puede ser un motivo para creer en su verdad, pero un motivo en el que la posibilidad del escándalo y la necesidad de fe se encuentran a salvo[392].

---

[392] Para un panorama general véase Evans, C. Stephen. «Apologetic Arguments in Philosophical Fragments» en *Kierkegaard on Faith and the Self*.

Epílogo

¿Qué hacer con Kierkegaard? Lo primero que debiéramos hacer —lo que hemos intentado hacer en este libro— es desempolvarlo, quitar de entremedio, en la medida de lo posible, a los muchos Kierkegaard del siglo XX, y volver a tener algo de familiaridad con sus obras. Ha tenido muchos presuntos discípulos, pero el mismo Jaspers escribía sobre cómo «nos volvemos ridículos» si intentamos imitarlo[393] —habría que añadir que también hacemos el ridículo si confundimos a Kierkegaard con sus imitadores. Después de todo, precisamente porque no se entendió a sí mismo como teólogo ni filósofo, debiéramos abstenernos de armar tras él escuelas filosóficas o teológicas. Pero podemos nutrirnos por él y dejarnos inquietar por obras que, según las palabras al final del *Postscriptum*, «no intentaron hacer una nueva propuesta, ni descubrir algo desconocido, ni fundar un nuevo partido y querer ir más allá, sino lo opuesto: retirarse a la distancia de la doble reflexión, y desde ahí releer una vez más en soledad, si es posible de un modo más interior, el texto original de las relaciones de existencia humana, el viejo y familiar texto transmitido por nuestros padres»[394].

Esa «relectura» del «texto original» nos muestra a un Kierkegaard con gran capacidad para iluminar hondos problemas del hombre. Pero cabe preguntarse si por sí solo es capaz de ofrecer suficiente orientación al cristianismo contemporáneo. Pues de un Kierkegaard solo, y sobre todo de un Kierkegaard con los énfasis de un vulgar existencialismo, cualquier cosa puede salir. En el siglo XX

[393] Jaspers, «Kierkegaard hoy» en *Kierkegaard vivo* pág. 64.
[394] SKS 7, 572-572.

salió de ahí cierta resistencia contra el nacionalsocialismo —Barth, Bonhoeffer—, pero uno de los mayores difusores de Kierkegaard fue también la cabeza teológica más afín al régimen nacionalsocialista, Emanuel Hirsch, quien encontraba inspiración para tal programa político y espiritual en la «pasión» kierkegaardiana y en las críticas a la «nivelación». Sobran las razones para leer a Kierkegaard, pero sobran también las razones para exponerse a un amplio abanico de influencias. No es pues extraño que el mismo Barth acabara afirmando que si bien «estoy y permaneceré agradecido a Kierkegaard por haberme vuelto inmune para los días que habrían de venir», y si bien «lo considero un maestro por cuya escuela todos tenemos que pasar alguna vez», lo viera sólo como un lugar para pasar[395]. El propio Kierkegaard sabía eso: según se expresa en una anotación del diario en 1854, él no está «para ocupar espacio», sino «para hacer espacio».

Pero tal vez convenga ser menos severo que Barth. «Ay —escribía él— del que se lo pierde, siempre que salga también de ahí y no vuelva»[396]. Digámoslo de otro modo: sí, ay del que se lo pierde, y ay del que sólo se queda en su obra; pero cuando se ha salido de ahí para familiarizarse con una más amplia tradición intelectual cristiana, también tiene sentido volver a Kierkegaard. Y el sentido de tal vuelta a él puede hacerse gráfico por la situación del pluralismo contemporáneo. Éste puede parecer —y en cierto sentido lo es— muy afín al espíritu de Kierkegaard: atrás ha quedado, y con razón, la «monstruosa confusión de la cristiandad». Pero si bien Kierkegaard coincidiría con el clima cultural contemporáneo en que «no se puede obligar a nadie», cuando él afirma eso de inmediato añade que sí se puede obligar a alguien a «darse cuenta»: «obligar a la gente a darse cuenta y a juzgar es la ley del auténtico martirio»[397]. Kierkegaard dice, como lo dice todo hombre hoy, que sólo busca honestidad; pero a diferencia del hombre de hoy, con eso está diciendo que quiere claridad conceptual, una honestidad que surja de efectivamente haber sido puestos ante las disyunciones correctas. En ese

---

[395] Barth, Karl. «A Thank—You and a Bow —Kierkegaard's Reveille» en Barth, *Fragments Grave and Gay* Collins, Glasgow, 1971. págs. 100-101.
[396] Barth, «A Thank—You» pág. 101.
[397] SKS 16, 32.

y en muchos otros sentidos, Kierkegaard puede ser un autor que no sólo luchó contra la «monstruosa ilusión de la cristiandad», sino uno que también sirva a quienes les toca luchar con la mucha veces no menos monstruosa confusión postcristiana.

Apéndices

Los lectores del presente libro ya se habrán formado una idea de lo caótica que ha sido la recepción de Kierkegaard y de la medida en que la transmisión fragmentaria de sus obras ha llevado a que aumenten las dificultades de interpretación. Como una ayuda para enfrentar este problema ofrecemos aquí en primer lugar un recuadro con las obras de Kierkegaard, la fecha de publicación, la respectiva página de inicio en la edición crítica de las obras y el pseudónimo en caso de haberlo; incluimos en este recuadro algunas obras póstumas que han sido citadas en el presente libro, pero dejamos fuera escritos menores como las publicaciones en la prensa. A continuación se presenta la bibliografía. En ésta presentamos en primer lugar los escritos de Kierkegaard en su edición crítica, referimos a las principales traducciones al castellano y explicitamos la estructura de los diarios y papeles. Por último, presentamos la literatura secundaria que ha sido citada en el presente trabajo.

1. Obras de Søren Kierkegaard con fecha y pseudónimo

Fecha de Publicación	Título	Página de inicio en SKS	Autor, editor, pseudónimo
29 de septiembre 1841	Sobre el concepto de la ironía	1, 59	Kierkegaard
20 de febrero 1843	O lo uno o lo otro	Papeles de A 2, 5 Papeles de B 3, 5	Víctor Eremita (ed.) papeles de A y B
16 de mayo 1843	Dos discursos edificantes	5, 5	Kierkegaard
16 de octubre 1843	Repetición	4, 5	Constantin Constantius
16 de octubre 1843	Temor y temblor	4, 97	Johannes de Silentio
16 de octubre 1843	Tres discursos edificantes	5, 57	Kierkegaard
4 de dic 1843	Cuatro discursos edificantes	5, 107	Kierkegaard
5 de marzo 1844	Dos discursos edificantes	5, 177	Kierkegaard
13 de junio 1844	Migajas filosóficas	4, 211	Johannes Climacus
17 de junio 1844	El concepto de la angustia	4, 307	Vigilius Haufniensis
17 de junio 1844	Prefacios	4, 463	Nicolaus Notabene
8 de junio 1844	Tres discursos edificantes	5, 225	Kierkegaard
31 de agosto 1844	Cuatro discursos edificantes	5, 283	Kierkegaard
29 de abril 1845	Tres discursos en ocasiones imaginadas	5, 383	Kierkegaard
30 de abril 1845	Estadios en el camino de la vida	6, 5	Hilarius Bogbinder (ed.)
27 de febrero 1846	Postscriptum conclusivo y no académico a las Migajas Filosóficas	7, 5	Johannes Climacus, Kierkegaard (ed.)
30 de marzo 1846	Una reseña literaria	8, 5	Kierkegaard
13 de marzo 1847	Discursos edificantes en diverso espíritu	8, 107	Kierkegaard

29 de septiembre 1847	Las obras del amor	9, 5	Kierkegaard
26 de abril 1848	Discursos cristianos	10, 5	Kierkegaard
24-27 de julio 1848	La crisis y una crisis en la vida de una actriz	14, 91	Inter et inter
14 de mayo 1849	Las aves del cielo y los lirios del campo	11, 5	Kierkegaard
19 de mayo 1849	Dos pequeños tratados ético-religiosos	11, 49	H. H.
30 de julio 1849	La enfermedad mortal	11, 113	Anti-Climacus, Kierkegaard (ed.)
14 de noviembre 1849	Tres discursos para la comunión de los viernes	11, 243	Kierkegaard
25 de septiembre 1850	Ejercitación del cristianismo	12, 5	Anti-Climacus, Kierkegaard (ed.)
20 de diciembre 1850	Un discurso edificante	12, 255	Kierkegaard
7 de agosto 1851	Dos discursos para los viernes ante el altar	12, 275	Kierkegaard
7 de agosto 1851	Sobre mi actividad como escritor	13, 5	Kierkegaard
12 de septiembre 1851	Para autoexamen	13, 29	Kierkegaard
16 de mayo 1855	Esto debe ser dicho – que sea pues dicho	13, 111	Kierkegaard
16 de junio 1855	Lo que Cristo juzga sobre la cristiandad oficial	13, 169	Kierkegaard
1 de agosto 1855	La inmutabilidad de Dios	13, 319	Kierkegaard
Mayo-octubre 1855	El instante	13, 125	Kierkegaard
Póstumo	El punto de vista sobre mi obra como escritor	16, 5	Kierkegaard
Póstumo	Johannes Climacus o de omnibus dubitandum est	15, 13	Kierkegaard

2. Bibliografía

Escritos de Kierkegaard

La edición completa de los escritos de Kierkegaard fue originalmente publicada como *Søren Kierkegaards Samlede Værker* [abreviada SV] por A. B. Drachmann, J. L. Heiberg y H. O. Lange en Gyldendal, Copenhague, 1901-06. Hay dos ediciones posteriores en 1920-36 y 1962-64. Estas ediciones se encuentran hoy reemplazadas por la edición definitiva, según la cual se ha citado aquí:

Søren Kierkegaards Skrifter [SKS] N. J. Cappelørn, J. Garff y otros (eds.) G. E. C. Gads Forlag, Copenhague, 1997-2013.

Los primeros 28 volúmenes contienen las obras y papeles, mientras que el resto de los volúmenes contienen el comentario histórico, filosófico, teológico y filológico a la edición. En el momento actual sólo falta que en esta edición se publique la correspondencia, por lo cual ésta la hemos citado a partir de *Briefe* Jakob Hegner, Colonia, 1955.

Información bibliográfica sobre las diversas traducciones al castellano puede encontrarse a través de las páginas web de las diversas asociaciones del mundo hispanoparlante dedicadas a la promoción de la obra de Kierkegaard (S.I.E.K; S.A.K; S.H.A.K; Biblioteca Kierkegaard). Baste aquí con nombrar los intentos mayores de traducción que ha habido hasta el momento. Algunas décadas atrás Demetrio Rivero hizo el primer esfuerzo de una traducción masiva, publicando en la editorial Guadarrama un total de 10 volúmenes de *Obras y papeles de Søren Kierkegaard* (1961-1969). Cabe, con todo, notar que este proyecto no sólo quedó inconcluso, sino que en algunos casos se trató de la traducción parcial de obras. Actualmente se está llevando a cabo, sobre la base de SKS, la traducción de las obras en la colección *Escritos de Søren Kierkegaard* Trotta, Madrid, 2000 a la fecha.

A esto cabe añadir también el recientemente iniciado proyecto de traducción de los diarios en la *Colección Papeles de Kierkegaard*, Universidad Iberoamericana, Ciudad de México, 2011 a la fecha.

Una explicación especial puede requerir la estructura de estos diarios y papeles. La primera edición completa de estos diarios y papeles es *Søren Kierkegaards Papirer,* publicada entre 1909 y 1948 por P. A. Heiberg, usada como base para la *Colección Papeles de Kierkegaard.* En dicha traducción, así como en la mayor parte de la literatura secundaria, los lectores pueden encontrar referencias a los diarios y papeles a través de abreviaciones como *Pap.* VIII 1 A 35. Los dos primeros números indican el volumen y tomo, mientras que el último número indica el número de la entrada; lo peculiar, en tanto, es la letra (A, B o C) que indica el tipo de texto del que se trata. Esta edición intentó, en efecto, imponer a los papeles un orden según el cual habría entradas autobiográficas (A), bosquejos de obras futuras (B) y apuntes de estudio (C). La edición de SKS, que incluye en sus volúmenes 17 a 27 los diarios y papeles, ha intentado revertir esta división artificial, intentando en la medida de lo posible reconstruir las divisiones y clasificaciones de Kierkegaard mismo, quien en parte había dejado papeles sueltos, y en parte diarios titulados con siglas como AA—KK o NB. Aquí hemos seguido dichas clasificaciones, indicando también las páginas respectivas en SKS.

Literatura secundaria

– Adams, Robert. «The Knight of Faith» en *Faith and Philosophy* 7, 1990.

– Backhouse, Stephen. *Kierkegaard's Critique of Christian Nationalism* Oxford University Press, Oxford, 2011.

– Barth, Karl. «A Thank- You and a Bow - Kierkegaard's Reveille» en Barth, *Fragments Grave and Gay* Collins, Glasgow, 1971.

– Bonhoeffer, Dietrich. *Barcelona, Berlin, New York: 1928-1931* (Dietrich Bonhoeffer Works vol. 10) Fortress Press, Minneapolis, 2008.

– Bonhoeffer, Dietrich. *Letters and Papers From Prison* (Dietrich Bonhoeffer Works, vol. 8) Fortress Press, Minneapolis, 2010.

– Brandes, Georg. *Søren Kierkegaard: en kritisk Fremstilling i Grundrids* Gyldendal, Copenhague, 1967.

– Brunner, Emil. *Revelation and Reason* Chanticleer, Wake Forest, 1946.

– Bukdahl, Jørgen. *Søren Kierkegaard and the common man* Eerdmans, Grand Rapids, 2001.

– Burns, Michael O'Neill. «The Self and Society in Kierkegaard's Anti-Climacus Writings» en *The Heythrop Journal* 51, 2010.

– Caputo, John. *Against Ethics. Contributions to a Poetics of Obligation with Constant Reference to Deconstruction* Indiana University Press, Bloomington e Indianapolis, 1993.

– Carlisle, Clare. *Kierkegaard: A Guide for the Perplexed* Continuum, Nueva York, 2006.

– Castellani, Leonardo. *De Kirkegord a Tomás de Aquino* Editorial Guadalupe, Buenos Aires, 1973.

– Chesterton, G. K. *Ortodoxia* Porrúa, Ciudad de México, 1998.

– Dallago, Carl. *Der Christ Kierkegaards* Brenner-Verlag, Innsbruck, 1922.

– Derrida, Jacques. *Dar la muerte* Paidós, Barcelona, 2000.

– Evans, C. Stephen. *Søren Kierkegaard's Christian Psychology: Insight for Counseling and Pastoral Care* Regent College Publishing, Vancouver, 1995.

– Evans, C. Stephen. «Approaches to Christian Apologetics» en Campbell Campbell-Jack y Gavin McGrath *New Dictionary of Christian Apologetics* IVP, Downers Grove, 2006.

– Evans, C. Stephen. *Kierkegaard on Faith and the Self. Collected Essays* Baylor University Press, Waco, 2006.

– Fenger, Henning. *Kierkegaard, the Myths and Their Origins: Studies in the Kierkegaardian Papers and Letters* Yale University Press, New Haven y Londres, 1980.

– Ferreira, Jamie. *Love's Grateful Striving. A Commentary on Kierkegaard's Works of Love* Oxford University Press, Oxford, 2001.

– Gadamer, Hans-Georg. *Verdad y Método I* Sígueme, Salamanca, 1999.

– Garff, Joakim. «The Eyes of Argus: The Point of View and Points of View on - Kierkegaard's Work as an Author» en Jonathan Rée y Jane Chamberlain (eds.) *Kierkegaard: A Critical Reader* Blackwell, Oxford, 1998

– Garff, Joakim. *Søren Kierkegaard: A Biography* Princeton University Press, Princeton, 2007.

– Gómez-Lobo, Alfonso. *La ética de Sócrates* Andrés Bello, Santiago de Chile, 1999.

– González, Darío. «Trendelenburg: An Ally against Speculation» en Stewart, Jon (ed.) *Kierkegaard and his German Contemporaries. Tome I: Philosophy* (KRSRR 6) Ashgate, Aldershot, 2007.

– Goold, Patrick. «Reading Kierkegaard: Two Pitfalls And a Strategy For Avoiding Them» en *Faith and Philosophy* 7, 3, 1990.

– Guerrero, Luis. *La verdad subjetiva. Søren Kierkegaard como escritor* Universidad Iberoamericana, México, 2004.

– Furtak, Rick (ed.). *Kierkegaard's Concluding Unscientific Postscript. A Critical Guide* Cambridge University Press, Cambridge, 2010.

– Hannay, Alastair. *Kierkegaard. A Biography* Cambridge University Press, Cambridge, 2001. Versión en castellano en Ediciones Universidad Iberoamericana, Ciudad de México, 2010.

– Hampson, Daphne. *Christian Contradictions. The Structures of Lutheran and Catholic Thought* CUP, Cambridge, 2001.

– Hohlenberg, Johannes. *Søren Kierkegaard* Pantheon Books, Nueva York, 1954.

– Horton, Michael. «Calvin and the Law-Gospel Hermeneutic» en *Pro Ecclesia* 6, 1997.

– Hughes, Carl. «Anders Nygren: Influence in Reverse?» en Stewart, Jon (ed.) *Kierkegaard's Influence on Theology. Tome II: Anglophone and Scandinavian Protestant Theology* (KRSRR 10) Ashgate, Aldershot, 2012.

– Husserl, Edmund *Briefwechsel* Kluwer Academic Publishers, La Haya, 1994.

– Jaspers, Karl. «Kierkegaard hoy» en Sartre, Heidegger, Jaspers y otros. *Kierkegaard Vivo* Alianza, Madrid, 1968.

– Jaspers, Karl. *Die Geistige Situation der Zeit* De Gruyter, Berlín, 1999.

– Juan Pablo II, *Fides et Ratio.*

– Kaufmann, Walter. «Introduction» en Kierkegaard, *The Present Age* Harper & Row, Nueva York, 1962.

– Kirmmse, Bruce. *Kierkegaard in Golden Age Denmark* Indiana University Press, Bloomington & Indianapolis, 1990.

– Kirmmse, Bruce. «Kierkegaard and 1848» en *History of European Ideas* 20, 1995.

– Kirmme, Bruce (ed.) *Encounters with Kierkegaard. A Life as Seen by His Contemporaries* Princeton University Press, Princeton, 1996.

– Krüger, Paul (ed.). *Correspondance de Georg Brandes* Rosenkilde y Bagger, Copenhague, 1952-66.

– Law, David. «Redeeming the penultimate: discipleship and Church in the thought of Søren Kierkegaard and Dietrich Bonhoeffer» en *International Journal for the Study of the Christian Church* 11, 1, 2011.

– Levinas, Emmanuel. «Existence and Ethics» en Jonathan Rée y Jane Chamberlain (eds.) *Kierkegaard: A Critical Reader* Blackwell, Oxford, 1998.

– Lichtenberg, Georg. *G.C. Lichtenbergs vermischte Schriften* Göttingen, 1800-06.

– Lowrie, Walter. *A Short Life of Kierkegaard* Princeton University Press, Princeton, 1965.

– Malik, Habib C. *Receiving Søren Kierkegaard. The Early Impact and Transmission of his Thought* The Catholic University of America Press, Washington, 1997.

– Martens, Paul. «<You Shall Love>: Kant, Kierkegaard, and the Interpretation of Matthew 22:39» en Perkins, Robert (ed.) *Works of Love* (International Kierkegaard Commentary 16) Mercer University Press, Macon, 1999.

– Martens, Paul y Tom Millay. «<The Changelessness of God> as Kierkegaard's Final Theodicy: God and the Gift of Suffering» en *International Journal of Systematic Theology* 13, 2, 2011.

– Martensen, Hans Lassen. *Die Christliche Ethik* vol. 1 Reuther, Karlsruhe y Leipzig, 1886.

– Martensen, Hans Lassen. «Rationalism, Supernaturalism and the principium exclusi medii» en Stewart (ed.) *Mynster's «Rationalism, Supernaturalism»*.

– Matustik, Martin y Merold Westphal (eds.). *Kierkegaard in Post/Modernity* Indiana University Press, Bloomington e Indianapolis, 1995.

– Mulder, Jack. *Kierkegaard and the Catholic Tradition. Conflict and Dialogue* Indiana University Press, Bloomington, 2010.

– Naugle, David. *Worldview: The History of a Concept* Eerdmans, Grand Rapids, 2002.

– Nielsen, Flemming Christian. *Alt blev godt betalt. Auktionen over Søren Kierkegaards indbo* Holkenfeldt, Viborg, 2000.

– Olivares, Benjamín. «El concepto de felicidad en el estadio ético. La integración de la estética en la vida ética» en *La mirada kierkegaardiana* 0, 2008.

– Olivares, Benjamín. «Thomas Aquinas: Kierkegaard's View Based on Scattered and Uncertain Sources» en Stewart, Jon (ed). *Kierkegaard and the Patristic and Medieval Traditions* (KRSRR 4) Ashgate, Aldershot, 2008.

– Piety, M. G. *Ways of Knowing. Kierkegaard's Pluralist Epistemology* Baylor University Press, Waco, 2010.

– Plekon, Michael. «Prophetic Criticism, Incarnational Optimism: On Recovering the Late Kierkegaard» en *Religion* 13, 1983.

– Plekon, Michael. «Before the Storm: Kierkegaard's Theological Preparation for the Attack on the Church» en *Faith and Philosophy* 21, 1, 2004.

– Poole, Roger. *Kierkegaard: The Indirect Communication* Virginia University Press, Charlottesville y Londres, 1993.

– Roberts, Robert C. «Passion and Reflection» en Perkins, Robert (ed.) *Two Ages: The Present Age and the Age of Revolution, a Literary Review* (International Kierkegaard Commentary 14) Mercer University Press, Macon, 1984.

– Roberts, Robert C. «Existence, Emotion and Character: Classical Themes in Kierkegaard» en Alastair Hannay y Gordon Marino (eds.) *Cambridge Companion to Kierkegaard* Cambridge University Press, Cambridge, 1997.

– Roberts, Robert C. «The Grammar of Sin and the Conceptual Unity of the Sickness Unto Death» en Robert Perkins (ed.) *Sickness Unto Death* (International Kierkegaard Commentary 19) Mercer University Press, Macon, 2002.

– Stewart, Jon. «Hegel's View of Moral Conscience and Kierkegaard's Interpretation of Abraham» en *Kierkegaardiana* 19, 1998.

– Stewart, Jon (ed.) *Mynster's «Rationalism, Supernaturalism» and the Debate about Mediation* Museum Tusculanum Press, Copenhague, 2009.

– Stewart, Jon. *Kierkegaard's Influence on Theology. Tome III: Catholic and Jewish Theology* (KRSRR 10) Ashgate, Aldershot, 2012.

– Theunissen, Michael. *Der Begriff Ernst bei Søren Kierkegaard* Alber Verlag, Friburgo, 1958.

– Tietjen, Mark. «Kierkegaard and the Classical Virtue Tradition» en *Faith and Philosophy* 27, 2, 2010.

– Tudvad, Peter. *Kierkegaards København* Politiken, Copenhagen, 2004.

– Unamuno, Miguel de. *Del sentimiento trágico de la vida* Losada, Buenos Aires, 2003.

– Wengert, Timothy. *Law and Gospel. Philip Melanchthon's Debate with John Agricola of Eisleben over Poenitentia* Baker, Grand Rapids, 1997.

– Westphal, Merold. *Kierkegaard's Critique of Reason and Society* The Pennsylvania State University Press, University Park, 1991.

– Yoon-Jung Kim, David. «John Calvin: Kierkegaard and the Question of the Law's Third Use» en Stewart, Jon. *Kierkegaard and the Renaissance and Modern Traditions. Tome II: Theology* (KRSRR 5) Ashgate, Farnham, 2009.

– Ziolkowski, Eric. *The Literary Kierkegaard* Northwestern University Press, Evanston, 2011.